ANDREA PIO Cristiani

Alla ricerca del Volto dei volti

ANDREA PIO Cristiani

Alla ricerca del Volto dei volti

Riflessioni sui temi scottanti della vita

Edizioni Sant'Antonio

Imprint

Any brand names and product names mentioned in this book are subject to trademark, brand or patent protection and are trademarks or registered trademarks of their respective holders. The use of brand names, product names, common names, trade names, product descriptions etc. even without a particular marking in this work is in no way to be construed to mean that such names may be regarded as unrestricted in respect of trademark and brand protection legislation and could thus be used by anyone.

Cover image: www.ingimage.com

Publisher:
Edizioni Accademiche Italiane
is a trademark of
International Book Market Service Ltd., member of OmniScriptum Publishing Group
17 Meldrum Street, Beau Bassin 71504, Mauritius

Printed at: see last page
ISBN: 978-613-8-39164-7

DIO! DIO! DIO! SE LO VEDESSI! SE LO SENTISSI!

Dio! Dio! Dio! Se lo vedessi! Se lo sentissi! È il grido dell'anima che da sempre sale dalla terra al cielo. La più appassionata preghiera del cuore affranto e stretto nella morsa della notte e del silenzio. È stata una felice intuizione quella dell'Istituto di ricerca sul Santo Volto di Cristo di dare voce, in quest'anno della Fede, al grande poeta Alessandro Manzoni che nella sua opera parla del faticoso e affascinante cammino della sua personale ricerca della Verità.

I Promessi Sposi non solo sono un capolavoro letterario ma bensì la condivisione con il mondo della sua avventura spirituale. Nel descrivere la conversione dell'Innominato egli raggiunge uno di quei momenti sovrumani dove lo spirito raggiunge le vette più alte. Con lo strumento della parola che fluisce da una mente illuminata, fotografa l'attimo in cui la Grazia Divina seduce e conquista la sua creatura. La fede in Dio non è tanto un desiderio dell'uomo, una naturale aspirazione, ma piuttosto una chiamata. È lui che ci cerca sempre e da sempre. Il poeta avvolge di presenza Divina il Santo e il peccatore rendendo impellente l'evidenza di ciò che ci sfugge, la grandezza di ciò che ci supera.

Trovo nei Promessi Sposi una strategia missionaria, un metodo di evangelizzazione che può servire all'uomo moderno. Nei confronti di coloro che dichiarano: "io non credo in Dio", guai a saltargli addosso, a voler dimostrare Dio con le nostre argomentazioni e dire: "ma si, bisogna credere il Dio", può darsi che se lo lasciamo parlare ci accorgiamo che in quel Dio li, rifiutato dal nostro interlocutore, non crediamo neanche noi. Prima di tutto è bene sincerarci di che cosa intende con quella parola Dio, parola che porta in se un'immediata vertigine. Il Manzoni, che ha percorso per primo il faticoso varco della conversione, vuol dirci che parlare di Dio è sinonimo di amare in maniera indissociabile colui che ci sta di fronte. Significa riverberare su di lui la medesima Parola che gli ha dato l'esistenza e che quindi, questa Parola stessa, desidera infinitamente che esista e vuole rivelarsi a lui. Il Cardinale Borromeo diviene il prototipo del vero missionario. Si trova davanti un uomo che gli era ostile, un tipaccio da tutti conosciuto e temuto, un pubblico peccatore sulla linea di quelli che ha incontrato Cristo sulla sua vita terrena. Egli sa cogliere nell'ora dell'incontro l'azione della Provvidenza che glielo piazza di fronte semplicemente perché gli annunci la parola di Dio. Di conseguenza egli deve amarlo questo tipaccio, deve riconoscere che anche se è tremendamente contrario al Vangelo per la sua vita criminale, come persona è eternamente voluto dell'Alto e porta sempre in se l'immagine del Creatore. Basta adattare questa giusta prospettiva suggerita dal Manzoni che anche il più insulso

fanfarone si rivela essere parola di Dio, certamente non per le intenzioni ostili o per la sua vita disordinata, quanto per la sua presenza. È la parola di Dio a conferirgli l'essere, è l'amore di Dio e la sua Onnipotenza creativa che lo ha tratto fuori dal nulla. Egli ignora di essere un capolavoro irripetibile del Creatore ma io non posso ignorarlo, devo andare oltre la repulsione, la paura, l'antipatia. I subdoli timori del codardo don Abbondio dimorano spesso in noi. È lo stupore che deve prenderci, la meraviglia del fatto che Egli esiste e é di fronte a me. Il Cardinale Federico ci educa alla spontaneità, non si sforza di essere gentile, di rendersi affabile, di fingere interesse per ciò che l'interlocutore gli dice perché non ha da vendere nessuna mercanzia, egli è piuttosto stupito di fronte all'esistere dell'innominato perché sa cogliere in lui la parola uscita dalla bocca di Dio, certo imbavagliata, inquinata dal peccato ma comunque Divina nella sua apparizione. L'uomo creato a immagine e somiglianza di Dio anche se sfigurato dalla colpa, è già presente nel più mascalzone e anticristiano degli uomini, forse non con la presenza di grazia ma, perlomeno, con la presenza di creazione tantoché nel momento che parlo di Dio con colui che lo nega, prendo coscienza che Dio è impegnato interamente a ricreare questo mio fratello con il suo amore. Quando parlo di Dio prima di tutto devo lasciarmi interpellare da Lui accogliendo la presenza del fratello. Di incomparabile bellezza appare ai nostri occhi la scena dell'incontro fra il Cardinale e l'Innominato. Federico Borromeo posa su di lui uno sguardo di bontà con una tale intensità da penetrargli nel cuore, da "fulminarlo" conquistandolo per la sua dolcezza e umiltà. Il vertice della scena è il lamento denso di sofferenza e di attesa dell'Innominato: *"Dio! Dio! Dio! Se lo vedessi! Se lo sentissi!" (I Promessi Sposi Cap. XXIII)* è in quel momento che si incrociano la volontà divina e umana, Dio ha camminato verso la sua creatura. Lui crede in noi, nella nostra libertà e nel nostro amore, è come se l'Onnipotente scendesse nel cuore degli uomini in quest'abisso desideroso di essere colmato da Lui. È lui che ci ha trovati e facendosi mendicante ci chiede delicatamente di poter dare, di poter spartire le sua ricchezze, di effondere la sua misericordia senza limiti. Federico assume il ruolo di rappresentante di Cristo, con la sua vicinanza, e la ricerca della mano dell'Innominato si rivive il ritorno del figlio prodigo e la gioia di quel padre che teneramente lo baciò *(cfr. Lc 15, 20)*. L'Innominato acquisisce con dolore la sua condizione di peccatore e la sua indegnità di fronte ad un uomo giusto, *"no! lontano da me voi: non lordate quella mano innocente e benefica. Non sapete tutto ciò che ha fatto questa mano che volete stringere"*, *"lasciate"* disse Federico, prendendolo con amorevole violenza *"lasciate ch'io stringa codesta mano che riparerà tanti torti, che spargerà tante beneficienze, che si stenderà disarmata, pacifica e umile a tanti nemici". (I Promessi Sposi Cap. XXIII)*
Davvero grande la grazia divina che del convertito fa un uomo nuovo e felice. *"Dio veramente grande! Dio veramente buono! io mi conosco ora, comprendo chi sono; le*

mie iniquità mi stanno davanti; ho ribrezzo di me stesso; eppure...! eppure provo un refrigerio, una gioia, sì una gioia, quale non ho provata mai in tutta questa mia orribile vita!" (I Promessi Sposi Cap. XXIII)

Anche il poeta aveva conosciuto la notte e il deserto, il dubbio e il tormento. Ritrovo nell'esaltazione della fede riaccesa nel cuore dell'innominato, il messaggio forte della Lumen Fidei dono di Papa Francesco. *"È urgente perciò recuperare il carattere di luce proprio della fede, perché quando la sua fiamma si spegne anche tutte le altre luci finiscono per perdere il loro vigore. La luce della fede possiede, infatti, un carattere singolare, essendo capace di illuminare tutta l'esistenza dell'uomo. Perché una luce sia così potente, non può procedere da noi stessi, deve venire da una fonte più originaria, deve venire, in definitiva, da Dio. La fede nasce nell'incontro con il Dio vivente, che ci chiama e ci svela il suo amore, un amore che ci precede e su cui possiamo poggiare per essere saldi e costruire la vita. Trasformati da questo amore riceviamo occhi nuovi, sperimentiamo che in esso c'è una grande promessa di pienezza e si apre a noi lo sguardo del futuro". (L. F. 4)*

Il Cardinale Borromeo nell'opera Manzoniana esprime l'esigenza di una Chiesa di Santi il suo essere trasparenza di Dio ha grande presa sul peccatore che si converte. L'ostacolo maggiore all'evangelizzazione è l'incoerenza di tanti uomini di Chiesa spesso denunciata da Benedetto XVI e oggi da Papa Francesco che senza mezzi termini ai seminaristi e alle aspiranti suore ha detto che certi comportamenti degli uomini e delle donne di Chiesa sono motivo di scandalo, "fanno schifo" dunque impediscono di vedere il volto di Dio. Attraverso i ministri della Chiesa e le anime consacrate dovrebbe manifestarsi Gesù e la sua persona divenire quasi fisicamente presente. Quando siamo avvolti dalla sua grazia e trasfigurati dalla preghiera, egli si lascia riconoscere da coloro che lo cercano e si fa toccare e vedere e la gente lo sente e corre. Oggi l'umanità è assetata di Dio e va dietro a Gesù e al Vangelo quando incontra testimoni credibili che accolgono, comprendono, non giudicano, perdonano, amano e come Papa Francesco diventano spettacolo al mondo della novità travolgente del vangelo.

Vorrei concludere questo mio modesto contributo al XVII Congresso Internazionale celebrato nell'anno della Fede che ha per tema: *"Il volto di Cristo nella fede: Creduta – Celebrata – Vissuta"*, facendovi un ultima confidenza. L'amicizia con il Cardinale Fiorenzo Angelini ha enormemente arricchito la mia vita di prete e ogni qualvolta vado a trovarlo in via della Conciliazione al n° 15, una volta introdotto nel suo studio risento le emozioni e i sentimenti dell'Innominato di fronte a Federico: sento sprigionare dalla sua persona una energia benefica e una letizia contagiosa. A sua insaputa Gesù si lascia vedere e sentire. *"Alzando gli occhi in viso a quell'uomo, si sentiva sempre più penetrare da un sentimento di venerazione imperioso insieme e soave, che, aumentando la fiducia, mitigava il dispetto, e senza prender l'orgoglio di fronte, l'abbatteva, e, dirò così, gl'imponeva silenzio. La presenza di Federigo era infatti di quelle che annunziano una superiorità, e la fanno amare. Il portamento era naturalmente composto, e quasi involontariamente maestoso, non incurvato né impigrito punto dagli anni; l'occhio grave e vivace, la fronte serena e pensierosa; con la canizie, nel pallore, tra i segni dell'astinenza, della meditazione, della fatica, una specie di floridezza verginale: tutte le forme del volto indicavano che, in altre età, c'era stata quella che più propriamente si chiama bellezza; l'abitudine de' pensieri solenni e benevoli, la pace interna d'una lunga vita, l'amore degli uomini, la gioia continua d'una speranza ineffabile, vi avevano sostituita una, direi quasi, bellezza senile, che spiccava ancor più in quella magnifica semplicità della porpora". (I Promessi Sposi cap. XIII)*

DACCI OGGI IL NOSTRO PANE QUOTIDIANO

"Di te ha detto il mio cuore: "Cercate il suo volto"; il tuo volto, Signore, io cerco" (Sal 27, 8).
Cercare il volto del Signore e desiderare la sua presenza è l'aspirazione di ogni discepolo. L'elevazione di ogni spirito che sinceramente lo cerca conduce l'uomo dove Dio ha preso la Sua dimora. È scandaloso, ma è proprio così: il nostro Dio, la rappresentazione del quale è un uomo crocefisso, sfigurato e stravolto dal dolore, ha fame e va alla ricerca di chi lo sfama. Nascosto e silenzioso eccolo bussare alla porta; solo chi coglie il lieve calpestio dei Suoi passi e prontamente apre senza timore dimorerà con Lui. I passi di Dio sono i passi della moltitudine dei poveri che ci cercano e insieme formano l'unico sentiero che conduce al Regno. All'alba del giorno sospirato ci sveglierà la Sua voce: *"avevo fame"*. Posando, timidi e imbarazzati, lo sguardo sul suo volto lo vedremo mutare continuamente e assumere la fisionomia di coloro che nel pellegrinaggio abbiamo sfamato e amato, con stupore e frastornati esclameremo: "eri Tu!"

Dacci oggi il nostro pane quotidiano: la preghiera

La Bibbia insegna che la preghiera è irresistibile al cuore di Dio. *"Chi tra di voi al figlio che gli chiede un pane darà una pietra?"* (Mt 7, 9). La grande novità dell'insegnamento di Gesù sta nell'ansia universale. Egli ci chiede di fare nostri i bisogni di tutti, tutto si racchiude in quell'Abbà tenero con il quale ci insegna a dialogare con Colui, il nome del quale è impronunciabile. Basta questa parola per comprendere che la famiglia umana è una. Gli uomini tutti, avendo la stessa origine, sono una cosa sola e non solo per la composizione fisica del loro essere, ma per una correlazione di natura spirituale e per un medesimo luminoso destino, di cui molti non sono consapevoli. L'interdipendenza si è fatta ai nostri giorni più manifesta: globalizzati non possiamo ignorare i dolori e le angosce, le gioie e le speranze di così tanti fratelli.

Nell'insegnamento di Gesù c'è il completo superamento dell'individualismo, con Lui si apre lo spazio globale, Egli integra l'unicità del singolo con la totalità degli esseri. Con Lui, figlio eterno del Padre, siamo stati tutti adottati da Dio ed è dunque doveroso chiedere per ognuno il necessario alla vita corporale e spirituale. Questa richiesta specifica è contenuta nelle parole del padre Nostro infinite volte ripetuto *"Dacci oggi il nostro pane quotidiano"*. Questo "oggi" uscito dalla bocca di Gesù è il sempre di Dio. Il "pane" in ebraico *lehem* ha la stessa radice del vocabolo che indica la guerra proprio perché si tratta di una conquista primaria per l'esistenza. Non c'è vita senza cibo. Nel pane, archetipo dell'alimentazione, è contenuto un intero orizzonte metaforico che soprattutto per i popoli del Mediterraneo spazia dalle simbologie religiose, di cui è intrisa la Bibbia, a quelle più propriamente proverbiali: *"mangiare il pane del proprio sudore, guadagnarsi il pane, mangiare pane a ufo"*. Sono innumerevoli le espressioni popolari che si riferiscono al pane e che significano: conquistarsi il cibo o nutrirsi come esigenza primaria della persona. Il gesuita Charles Pierre, dichiarava: *"Il pane conserva quasi una maestà divina. Mangiarlo nell'ozio è da parassita. Lavorarlo laboriosamente è un dovere; rifiutarsi di dividerlo è da crudeli"*. In oriente il pane è considerato quasi una creatura vivente, non si può dare agli animali e se cade per terra si pulisce, si spezza con le mani e mai con il coltello, per non "ucciderlo". Nella nostra civiltà non si ha un buon rapporto con il pane perché appare nemico della "magrezza che fa bellezza", primo imputato dell'obesità che affligge i nuovi epuloni. Troppi carboidrati ingrassano, ecco perché sulle nostre mense, riccamente imbandite, di pane se ne vede sempre meno. Il popolo dei gaudenti è sempre sazio e ossessionato dal peso. Ma all'orizzonte della nostra società in crisi sta ritornando lo spettro della miseria che riconcilia con il pane. Solo in italia si calcola che siano 13 quintali i pani avanzati ogni giorno e 5 milioni gli italiani che soffrono la fame. Sta prendendo corpo un geo-localizzatore contro lo spreco che metterà in contatto i fornai e i commercianti con le organizzazioni caritative perché l'invenduto sia servito alle mense dei poveri. Nell'opinione pubblica c'è un certo fastidio a parlare di fame nel mondo che fino a ieri appariva lontana, ma oggi può colpire in casa o nel quartiere dove abitiamo. C'è anche chi imputa a Dio la responsabilità della morte per fame: sono coloro che non lo conoscono ed hanno l'immagine di un Creatore robot che deresponsabilizza le sue creature.

La FAO ha dichiarato che sono 870 milioni le persone nel mondo che non mangiano abbastanza. Ciò significa che ogni 8 persone sulla terra, una va a letto affamata ogni notte. Ogni anno la fame uccide più persone delle guerre, dell'Aids e della malaria messe insieme (UNAIDS 2010). Un terzo delle morti nei bambini sotto i 5 anni, nei paesi in via di sviluppo, è legato alla malnutrizione (IGME 2011); la fame è il problema più grande nel mondo di oggi e sarà il motivo dominante dell'Expo universale di Milano dell'anno prossimo che ha per tema "Nutrire il pianeta". Gli economisti insegnano che la terra produce risorse sufficienti a tutti gli abitanti del pianeta ed è pronta a sfamarne ancora. Sono coraggiose e vere le osservazioni di Papa Francesco espresse nella catechesi del mercoledì 4 Giugno in Piazza san Pietro: *"I soldi comandano, ma Dio nostro padre ha dato il compito di costruire la terra non ai soldi ma a noi uomini e donne, noi abbiamo questo compito"*. *"Se tanti bambini non hanno da mangiare non è notizia, sembra normale, non è così". "Non abituiamoci al superfluo e allo spreco di cibo spiegando che le persone non debbono essere scartate come i rifiuti". "La cultura dello scarto tende a diventare una mentalità comune che contagia tutti". "Vorrei che prendessimo impegno contro la cultura dello spreco, per una cultura della solidarietà e dell'incontro". "Si cura la terra",* ha ammonito, *"perché dia frutto e questo frutto sia condiviso: è un'indicazione di Dio non solo data all'inizio della storia, ma a ciascuno di noi, è parte del Suo progetto, vuol dire far crescere il mondo con responsabilità, farlo crescere perché sia un giardino abitato da tutti".* Si dimentica la persona, ha spiegato il Papa, perché "quello che comanda è il denaro". È un grave peccato di negligenza e di egoismo l'indifferenza e il disimpegno. L'ingiustizia non può venire da Dio, ma è il frutto velenoso della malvagità che si annida nel cuore dell'uomo. "Con la moltiplicazione dei pani e dei pesci", ha detto il Papa, "Gesù riempie 12 ceste, 12 come le tribù di Israele cioè tutto il popolo: questo ci dice che quando il cibo viene diviso equamente, nessuno è privato del necessario, ogni comunità deve venire incontro ai bisogni dei poveri".

Dacci oggi il nostro pane quotidiano: la Parola.

Dopo quaranta giorni di digiuno Gesù ebbe fame e il tentatore gli si avvicinò e gli disse: *"Se sei Figlio di Dio, dì che questi sassi diventino pane". Ma Egli rispose: "Sta scritto: Non di solo pane vivrà l'uomo, ma di ogni parola che esce dalla bocca di Dio"* (Mt 4, 3-4). Il Signore rivela che c'è in noi un'esigenza maggiore di quella delle cose materiali, pietra e pane esprimono nel linguaggio simbolico i bisogni necessari alla vita biologica, ma per essere veri uomini liberi non dobbiamo limitare la vita ai soli bisogni fisici. Il loro possesso non è sufficiente per essere felici e realizzati, ciò che conta di più è soddisfare la "fame" di cielo, che Dio suscita nell'anima di ognuno. Mordendo la terra, l'uomo si inaridisce e semplicemente muore dentro, ossessionato dalla paura e dal non senso, dal vuoto e dalla disperazione. Il pane è buono, il pane è necessario, ma al di sopra di ogni altra delizia c'è la Parola di Dio, nutrimento essenziale dello spirito. Il pane è vita, ma la vita esce dalla bocca di Dio. Dalla bocca di Dio, dalla Sua parola è venuta la luce, il cosmo e tutte le Sue bellezze e tutte le Sue creature e questo universo immenso e inconoscibile. Dalla bocca di Dio siamo usciti noi, esseri viventi, voluti per amore, per essere riflesso della Sua immagine e sigillo della Sua gloria, luogo privilegiato della Sua presenza.

Sommersi da tanti cibi spazzatura, chiacchiere futili che ci disorientano e ci confondono, per non essere asfissiati dobbiamo emergere dall'oceano di idiozie, per cercare cibi incontaminati e nutrimenti che non intossicano. Mai come oggi c'è bisogno del pane della Parola Divina per ritrovare certezze, motivazioni e gioia di vivere. I fiumi di parole contraddittorie e ingannevoli che promettono successi, piaceri e facili guadagni sono deliri della nostra epoca che ci deviano. Il frastuono delle ondate di parole che ci investono rischia di farci affondare. *"Si sollevò una gran tempesta di vento e gettava le onde nella barca, tanto che ormai era piena. Egli se ne stava a poppa, sul cuscino, e dormiva. Allora lo svegliarono e gli dissero: "Maestro, non t'importa che moriamo?" Destatosi, sgridò il vento e disse al mare: "Taci, calmati!"* (Mc 4, 37-39). Questo racconto è la fotografia dei nostri giorni. Solo la potenza della parola di Gesù fa ritornare la quiete. Risalire alla Sorgente della Parola viva, spesso dura, esigente, che ci rassicura e ci rende invisi e controcorrente suggerendo mete alte ed entusiasmanti, non facili e talvolta non comprensibili, perché la Parola è misteriosa e ineffabile, ci rassicura. Ci vengono suggeriti piani imprevedibili che infrangono i nostri sogni borghesi, scombinano le nostre ingenue certezze, polverizzano ciò che credevamo roccia. È di questo cibo, che troviamo nelle Scritture Sacre e nell'arcano della nostra anima, che dobbiamo nutrirci. È stato preparato per noi da Colui che forse sapeva anche cucinare, come possiamo intuire da certi suoi racconti: "È simile al lievito che una donna ha preso e nascosto in tre staia di farina, finché sia tutta fermentata" (Lc 13, 21). E' presumibile che Gesù abbia imparato da sua madre a fare il pane, Maria di Nazareth che accoglie la Parola e la custodisce nel suo cuore. È curiosa questa citazione di Gesù che tiene segreta la quantità del lievito e precisa le tre misure di farina, non due, non quattro. Possiamo dedurre che sia Lui stesso, la Parola fatta carne di cui dobbiamo avere fame. Egli è il buon pastore: *"Chi entra per la porta, è il pastore delle pecore"* (Gv 10, 2). La parola pastore significa "colui che dà il pasto", "colui che nutre". Il custode delle pecore, infatti, non solo le guida, ma assicura "pascoli erbosi ed acqua tranquille" (Sal 23, 2). La nostra pastorale dovrebbe imitare i bravi cuochi per "preparare" un cibo succulento. Vescovi, preti, diaconi religiosi e religiose, dovrebbero cucinare bene la parola di Dio per offrirla alla gente stanca di chiacchiere e desiderosa di rinfrancarsi con un pasto nutriente e saporito.

Dacci oggi il nostro pane quotidiano: l'Eucarestia

Il capitolo sesto del vangelo di Giovanni è tutto incentrato sulla promessa di un pane vivo disceso dal cielo. Promessa che Gesù manterrà puntualmente il giovedì Santo nella notte in cui fu tradito: "Io sono il pane della vita; chi viene a me non avrà più fame e chi crede in me non avrà più sete. Io sono il pane vivo, disceso dal cielo. Se uno mangia di questo pane vivrà in eterno e il pane che Io darò è la mia carne per la vita del mondo". Perché la mia carne è vero cibo e il mio sangue vera bevanda. Allora gli dissero: "Signore, dacci sempre questo pane" (cfr Gv 6). Dire al Padre "dacci oggi il nostro pane quotidiano" è chiedergli di donarci sempre Gesù. La Sua compagnia che ha vinto la solitudine del mondo starà con noi per sempre come alimento dell'anima, umile e nascosta sugli altari e nei tabernacoli del mondo, viatico che conduce al banchetto del cielo dove Dio passerà a servirci. *"Beati quei servi che il padrone al suo ritorno troverà ancora svegli; in verità vi dico, si cingerà le sue vesti, li farà mettere a tavola e passerà a servirli"* (Lc 12, 37).

Facendosi pane, Gesù, ci dà l'esempio di una vita offerta e ci invita ad essere noi stessi pane spezzato, corpo donato ai fratelli. Il "fate questo in memoria di me" non va limitato al solo aspetto sacramentale, ma va assunto come impegno di vita, un richiamo perenne a farci dono. Questo cibo di cui il mondo è affamato, è farmaco di immortalità, sorgente di vita divina, anticipo del cielo. Il padre Turoldo esprime con una sua incantevole poesia la desolata tristezza dei nostri giorni sognando il ritorno al pane, ai suoi arcani sapori, all'umile frutto della terra e del lavoro dell'uomo che Dio ha preparato senza chiederci nulla.

"Ora invece la terra
si fa sempre più orrenda:
il tempo è malato
i fanciulli non giocano più
le ragazze non hanno più occhi
che splendono a sera.
E anche gli amori
non si cantano più,
le speranze non hanno più voce,
i morti doppiamente morti
al freddo di queste liturgie:
ognuno torna alla sua casa
sempre più solo.
Tempo è di tornare poveri
per ritrovare il sapore del pane,
per reggere alla luce del sole
per varcare sereni la notte
e cantare la sete della cerva.
E la gente, l'umile gente
abbia ancora chi l'ascolta,
e trovino udienza le preghiere.
E non chiedere nulla".
(da "IL SAPORE DEL PANE", Biblioteca Universale Cristiana)

LA SAMARITANA AL POZZO
IL VOLTO DI CRISTO E LA POTENZA DEL PERDONO

La Samaritana

Un'affascinante donna emblematica e senza nome racchiude tutte le contraddizioni del mondo, le discriminazioni di genere, le intolleranze ideologiche, il fondamentalismo religioso, gli odi razziali ed il peccato. Incarna in modo inquietante l'umanità dei nostri giorni e forse di sempre. Di lei non si afferma da dove venga, proprio perché ognuno vi trovi se stesso. Il suo unico tratto è l'appartenenza alla regione della Samaria, terra considerata dai Giudei eterodossa e disprezzata. L'evangelista Giovanni l'avvolge di mistero e la riveste di valore simbolico, ammantandola di frequenti allusioni al profeta Osea, cantore dell'amore di Dio, lo sposo fedele del suo popolo e dell'infedeltà d'Israele. È la sposa che tradisce e che delude fuggendo dal suo Dio, per correre dietro altri dei, suoi seducenti amanti. L'idolatria contemporanea ha qualcosa di simile con l'antico popolo dell'alleanza che ha abbandonato Dio, Colui che lo ha amato da sempre, per darsi in preda ad altri idoli nell'illusione di trarne favori e piaceri: potenza, ricchezza, lussuria, successo. Nessuno di essi sazia la sete di felicità. Come padroni dell'istinto, sempre ti condannano ad attingere l'acqua desiderata dal tuo essere fango. Le bramosie e le seduzioni del mondo ti lasciano l'arsura che è insoddisfazione e incompletezza, delusione e tristezza, un profondo senso di vuoto.

Questa donna malinconica e forte, che nell'ora più calda del giorno va al pozzo per attingere l'acqua, è capofila di una storia infinita di donne e bambine assoggettate ogni giorno a disumane fatiche per garantire la vita alla loro famiglia. Misteriosa anticipazione simbolica della denuncia di Papa Francesco sulle questioni dell'acqua nell'enciclica Laudato si': *"La qualità dell'acqua disponibile peggiora costantemente, in alcuni luoghi avanza la tendenza a privatizzare questa risorsa scarsa, trasformata in merce soggetta alle leggi del mercato. In realtà, l'accesso all'acqua potabile e sicura è un diritto umano essenziale, fondamentale e universale"* (cfr. cap. I° verso II° n° 29-30). Lo spreco dell'acqua è un grave peccato sociale. Senza voler troppo forzare la mano, per condurre la donna ai nostri giorni, vorrei soffermarmi ora sull'analisi dei suoi sentimenti. La sorpresa che la coglie perché un uomo e per giunta straniero le dice: *"Dammi da bere" (Gv 4, 7)*, la sua risposta riflette il suo stupore: *"Come mai tu, che sei giudeo, chiedi da bere a me che sono samaritana?" (Gv 4, 9)*. Essa non può comprendere, i due popoli Giudei e Samaritani non avevano relazioni; Gesù, da parte sua, ha demolito la barriera che separa i popoli per rendere tutti fratelli e raccogliere i figli di Dio divisi e dispersi. In qualche modo il noi e voi, il termine straniero e ciò che ne consegue è stato soppresso. Impressiona vedere quanta poca strada abbiamo fatto anche noi cristiani da quel giorno e da quell'ora decisiva in cui il Figlio di Dio aboliva discriminazioni, diversità, pregiudizi e inimicizie. Stride il rifiuto da parte dell'Europa e dei paesi più ricchi verso i migranti perseguitati e miseri che chiedono asilo e dignità. Che ne abbiamo fatto dell'acqua del Battesimo che ci ha resi fratelli, scaturita dal cuore trafitto di Gesù, prefigurata dal pozzo di Giacobbe dove Egli siede per affermare che Lui è la vera fonte dalla quale scaturisce un' acqua che disseta per sempre?

Questo contesto esprime bene il mistero della natura umana e divina di Gesù. Egli legge nel cuore. È più grande di Giacobbe e di Mosè, raffigurato dalla fonte, simbolo della legge antica, umile anticipazione del comandamento nuovo e definitivo dell'amore. Ora Egli si presenta semplicemente come un uomo assetato come tanti, si mette in una situazione di dipendenza e riconosce che la donna può offrirgli qualcosa di indispensabile. Presentandosi come un comune essere umano, che rivendica come inalienabili i diritti di ogni uomo, afferma l'uguaglianza del suo corpo con i nostri corpi, assoggettandosi come tutti noi ai bisogni primari. Il Signore educa al principio della solidarietà, come attitudine elementare che unisce gli uomini al di sopra delle culture e delle religioni. In un mondo dominato dalla intolleranza, dalla violenza, dall'egoismo e dalla follia, (basti pensare alle feroci persecuzioni delle comunità cristiane e di altre minoranze, cacciate dalle proprie terre, private dei loro diritti fondamentali, violentate e uccise), il Vangelo di Cristo rifulge come unico antidoto ai "cancri" di questa società sconvolta. La solidarietà con l'uomo è solidarietà con Gesù. È l'unica via per uscire dal guado, è ciò che Dio chiede ai suoi figli, è il segreto della felicità. Ecco svelato al pozzo di Sicar, il luogo-tempio dove si nasconde Dio: nel fratello assetato e stanco.

Il pozzo

"Gesù, affaticato com'era dal viaggio, si era seduto sul pozzo; era circa l'ora sesta" (Gv 4, 6). Questa scena piena di colore e di sentimento è carica di rivelazione. Il pozzo situato presso Sichem e unico nella regione era un pozzo profondo che, secondo i dati archeologici, fu in uso dall'anno 1000 a.C. fino al 500 d.C. Il pozzo nella tradizione giudaica si trasforma in elemento mitico, che sintetizza i pozzi dei patriarchi e la sorgente che Mosè aprì nella rupe del deserto. Raffigura le Legge stessa, che si considerava osservata già dai patriarchi e formulata più tardi da Mosè. In un ambiente

spesso ostile, arido e desertico, il pozzo è il luogo della vita; è anche lo spazio privilegiato degli incontri amorosi *(cfr. Gn 24; Gn 29; Es 2,15-22).*

Alain Marchadour nel suo commento pastorale al Vangelo di Giovanni annota: <<per quelli che hanno familiarità con la Bibbia, (il pozzo) è anche un tema molto legato all'esodo e in particolare alla legge. Un commento ebraico parla così del soggiorno degli Ebrei nel deserto: lo scopo di quei quarant'anni *"fu di far mangiare loro la manna e bere l'acqua del pozzo perché così la legge fosse assimilata nel loro corpo"*. Il libro dei Numeri (21, 17) riporta questo canto del pozzo: *"Sgorga, o pozzo: cantatelo"*. Un commento di Qumran su questo passo dice: *"il pozzo è la legge"*. La radice "dare, donare" più volte presente nel racconto orienta ugualmente il lettore giudeo verso la legge, dono di Dio per eccellenza secondo i rabbini. Così, attraverso le scene dei pozzi della Bibbia e la simbologia legata a quei luoghi, il lettore avvertito è disposto a capire più di quanto un lettore frettoloso possa trovare>>(*cfr. pag. 83*).

"Gesù, affaticato com'era dal viaggio, si era seduto sul pozzo" (Gv 4, 6). La fatica di Gesù dovuta al cammino è più propriamente la fatica dell'andare incontro all'altro, di superare le diffidenze e i timori. È un richiamo per noi, un'espressione metaforica per dire quanto sia faticoso accogliere, ospitare, aiutare, sostenere, perdonare, consolare l'altro così com'è. Indica come la vita sia un viaggio faticoso insieme ai fratelli e il compagno è sempre Gesù che assume le sembianze degli stranieri, dei deboli, dei bisognosi, dei piccoli, ma anche dei peccatori. Non è facile riconoscerlo, è forse quanto di più faticoso vi sia nella vita. Una pedagogia divina ci conduce in questo ininterrotto sforzo di ricerca e di attesa. L'incontro affettuoso e umile paga sempre: *"Se tu conoscessi il dono di Dio e chi è colui che ti dice: "Dammi da bere", tu gli avresti chiesto ed egli ti avrebbe dato acqua viva" (Gv 4, 10).*

Gesù seduto sulla fonte, occupa il suo posto. Ora il posto della fonte antica è preso da Lui e l'acqua viva che egli offre alla donna è lo Spirito che sgorgherà dal suo costato aperto nell'ora dell'offerta del suo corpo *(Gv 19, 34)*. Ecco la vera fonte che sostituisce la Legge, la tradizione e il tempio. Riferendosi a Ezechiele si identificherà con il misterioso tempio dal quale sgorgheranno fiumi di acqua (*Ez 47, 1-2*). Il Tempio e il Culto sono Lui, la sua persona e la sua vita. Il nuovo comandamento sostituisce la legge antica. Egli inaugura la religione dell'amore. L'essere dissetati per sempre esprime la sublimazione verso un genere di vita totalmente nuovo, verso una vita non più soggetta alla legge del morire e del divenire, una nuova definitiva dimensione dell'essere uomini che ha inizio con l'incontro con Lui nel sacramento della nostra rinascita. *"Dal cuore squarciato del Tuo Figlio hai fatto scaturire per noi il dono nuziale del Battesimo, prima Pasqua dei credenti, porta della nostra salvezza, inizio della vita nuova in Cristo, fonte dell'umanità nuova"* (*cfr. Messale Romano - Prefazio del Battesimo*).

Il Volto di Cristo

Fortunata donna che ha potuto vedere così da vicino il volto di Gesù! Quest'incontro riferito da Giovanni, l'evangelista che Gesù amava, dunque il modello del vero discepolo che posa la testa sul cuore di Gesù, evoca nel capitolo 4° il tema del Messia-Sposo del profeta Osea (*Os 3, 29*) che va a cercare la sposa infedele nel deserto. Dio non l'abbandona, va a conquistarsela di nuovo *"Le chiederò conto di quando usciva per offrire incenso ai Baal – mariti – e si adornava di anelli e di collane per andare con i suoi amanti, dimenticandosi di me – oracolo del Signore – Pertanto, ecco, la sedurrò portandola nel deserto e parlando al suo cuore"* (*Os 2, 15-16*). La donna lo chiama "Signore", parafrasando il profeta, identificandosi con Israele infedele, Samaria e Gerusalemme adultera. Ha riconosciuto Colui che instancabile, ostinato nella passione per lei, la cercava, per perdonare i suoi peccati, i suoi tradimenti.

Guardando timidamente Gesù la donna ha scorto nel suo volto i tratti segnati dalla fatica per il lungo camminare, l'espressione contratta dalla sete, implorante l'acqua, la pelle intrisa di sudore e arrossata per il sole cocente. Tutti questi elementi richiamano l'ora fatidica, quella attesa, di cui Gesù parla nella sua vita pubblica, quella per la quale è venuto al mondo. L'evangelista segnala che era circa l'ora sesta (mezzogiorno), la stessa ora, secondo Giovanni, in cui condannano Gesù a morte (*Gv 19, 14*). Anche in quell'ora, nella solitudine del Golgota con lui, silenziosa, c'è un'altra donna, simbolo dell'Israele fedele e della nuova umanità. Cristo avrà di nuovo sete, ma i suoi giustizieri alla sua richiesta di pietà risponderanno con l'odio.

Il volto del Signore si farà più dolce e disteso al momento in cui, alla richiesta dell'acqua, da parte della Samaritana le risponde: *"Se tu conoscessi il dono di Dio e chi è a chiederti da bere, saresti tu a chiederne a lui e ti darebbe acqua viva"* (*Gv 4, 10*). L'espressione ora è mutata e così i muscoli distesi del volto e la faccia rilassata lasciano trasparire l'efficacia benefica del riposo e del ristoro procurato dall'acqua fresca e dissetante. I suoi occhi accarezzano e la voce è forte e solenne, come quella di Dio nell'Eden. Quel volto è il dono di Dio; *"se tu sapessi"*, sapere è sinonimo di conoscere, l'attitudine più pertinente alla creatura umana voluta dal suo Signore intelligente e spirituale, creata a propria immagine e somiglianza, ma sfuggita dalle sue mani per cadere nell'abisso del peccato. È giunto il tempo di ridare la vita a Eva, la madre dei viventi, con l'acqua della grazia e della misericordia. Risplende il volto del Dio Creatore e Redentore.

Egli le disse: *"va a chiamare tuo marito e torna qui". La donna gli rispose: non ho marito"* (*Gv 4, 16-17*). Il volto di Cristo cambia ancora; si è fatto pensoso, più serio, ma non imbronciato o severo, semplicemente adombrato di tristezza a motivo del peccato. Ha scorto il vero nemico, colui che dobbiamo temere: il traditore dell'Amore che Egli è venuto a combattere. Lo ha visto nascosto e nel cuore della donna. Essa è serena, non teme rimproveri perché gli ha parlato con calore, ha incrociato i suoi occhi di misericordia e di dolcezza, il volto di Gesù è accogliente, pieno di comprensione, rassicurante. La donna si sente tanto a suo agio che gli confessa tutto, senza vergogna: *"Non ho marito"* (*Gv 4, 17*), alza gli occhi timidamente per incontrare i suoi e si sente nuda. Lui legge nel cuore, sa tutto e malgrado scorga la sporcizia, non è minaccioso, severo, ma è comprensivo e indulgente. Non fugge, non si disgusta e non si adira, non la giudica, ma porge il suo dono: l'acqua viva che purifica e disseta per sempre. Ha apprezzato in lei l'umiltà e la sincerità: *"In questo hai detto la verità"* (*cfr. Gv 4, 17-18*). Gesù, con il suo sguardo benevolo, cerca di non ferirla e si compiace della sua lealtà.

La donna gli dice: *"Signore, vedo che tu sei un profeta. I nostri padri celebrarono il culto su questo monte; invece, voi dite che il luogo dove lo si deve celebrare è a Gerusalemme"* (*cfr. Gv 4, 19-20*). Il volto di Gesù si fa radioso e raggiunge il massimo della sua bellezza. La donna ha capito che l'uomo di fronte a sé viene da Dio, è un profeta, per questo gli chiede dove adorare Dio; da oggi vuole stare nel giusto, vuole fare ciò che è gradito a Dio. Il luogo vero del culto faceva parte della controversia del suo popolo con i giudei. Gesù alludendo a se stesso dichiara che *"la salvezza viene dai giudei"* (*Gv 4, 22*) e che *"si avvicina l'ora in cui i veri adoratori, adoreranno Dio in Spirito e verità"* (*Gv 4, 23*). Il cambiamento è radicale, le pietre e i mattoni non possono contenere la divinità. Con il suo avvento è finita l'era dei templi. Il Volto di Dio non è più velato come nelle liturgie degli uomini, ora Dio stesso ha tolto il velo, per mostrare al mondo il suo amore, resosi visibile nel suo Figlio crocifisso che il terzo giorno farà risorgere, per fare di lui l'unico tempio cosmico. L'accesso ora a Dio è libero. Questo culto in Spirito e verità è quello gradito all'Altissimo. Viene suscitato dallo Spirito Santo che ci è stato donato ed è interiore, *"ospite dolcissimo dell'anima"* (*cfr. Veni, Sancte Spiritus*) perché prende dimora nel cuore dei fedeli. È l'adorazione vera, è quella suggerita dallo Spirito che conosce e rivela il Figlio, *"Via, Verità e Vita"* (*Gv 14, 6*). La donna samaritana si fa messaggera di salvezza e conduce i suoi paesani da Gesù *"Mi ha detto tutto ciò che ho fatto"*(*Gv 4, 29 – 4, 39*). Così, quando i samaritani giunsero dove stava lui, lo pregarono di restare con loro, e rimase lì due giorni (*cfr. Gv 4, 40*). Si insedia nel loro villaggio il nuovo e definitivo tempio consacrato, *"il terzo giorno"* quello della sua risurrezione quando la sua presenza non avrà più limiti di spazio e di tempo e si estenderà all'universo intero.

La potenza del perdono

L'emozionante incontro di Gesù con la Samaritana esprime l'assoluta novità del Vangelo. Il particolare della giara abbandonata sulla bocca del pozzo dalla donna per correre nel villaggio a dire alla gente di un *"uomo"* speciale che legge nel cuore, manifesta la gioia della dignità ritrovata. Il suo parlare *"alla gente"* convinto e contagiante proviene da un' esperienza travolgente di comprensione e di misericordia. L'anfora lasciata alla fonte è l'uomo vecchio che muore, per lasciar posto ad una nuova rinascita. La novità che la rallegra sta proprio nel fatto che Gesù le ha svelato il suo passato senza condannarla; questo suppone che essa abbia riconosciuto il suo adulterio. Restituita alla sua dignità, si è liberata dalla colpa e dall'oppressione di una legge che la teneva prigioniera e succube. Non solo non è più discriminata in quanto donna e peccatrice, eretica e straniera, ma è liberata e perdonata. A questo si deve il suo entusiasmo, la sua voglia di raccontare ciò che le è successo. Era stato annunciato dai profeti e atteso dal popolo d'Israele e di Samaria il giorno in cui, svelati i peccati, sarebbe cambiato per sempre il triste destino e giunto il tempo della guarigione (*cfr. Os 7, 1*). La donna si erge a simbolo dell'intera umanità peccatrice assetata di vita e di amore. Gesù in primo luogo le ha offerto l'acqua viva, solo dopo ha svelato i suoi adulteri. Dapprima espone la qualità del suo dono, le offre la possibilità di rinascere, accende l'anelito della verità e della libertà, poi apre la porta che fa passare dal peccato alla grazia, dalla tristezza alla gioia, dalla fatica al riposo, dalla morte alla vita. I Samaritani convinti dall'entusiasmo della donna *"uscirono dal paese e si diressero dove stava Lui"*(*cfr. Gv 4, 30*). Il loro cammino pellegrinante fino al pozzo, ora sostituito dal Signore, esprime l'aspirazione unanime degli esseri viventi alla speranza di una nuova creazione, che inizia accogliendo Gesù, fonte eterna e inesauribile della misericordia di Dio. (*cfr. Gv 4, 28-29*).

IL VOLTO DI DIO NEL DOLORE INNOCENTE

L'affannosa ricerca di Dio, che ha contrassegnato la storia dell'umanità da quando l'uomo ha preso coscienza di sé, è inabissata nell'oceano sconfinato del dolore fisico e psichico che accompagna tutte le stagioni della vita. Si è scontrata contro un macigno insormontabile ponendo le basi del dubbio riguardo alla sua bontà e alla sua stessa esistenza.

L'anima del piccolo viandante pensante, che è l'uomo, è disorientata dai patimenti e sperimenta le paure e le speranze del naufrago che cerca un'ancora e una terraferma. Non esiste un dolore colpevole e un dolore innocente; il dolore è crudele in sé, ripugnante per istinto naturale. Quello dei piccoli appare ancora più inaccettabile, oserei dire scandaloso. Le risorse dell'uomo per combattere il male e le sue conseguenze non mancano; le prime la giustizia e la scienza, ma sono ancora insufficienti; la lotta è impari per una famiglia umana sempre in crescita, dominata dall'egoismo e dalla violenza e dalle malattie sempre nuove che la aggrediscono. Poi la morte, il nemico invincibile, che colpisce tutti, anche i bambini senza alcuna pietà. La teologia e la filosofia non cessano di indagare su questo inquietante mistero che ai nostri giorni più che mai pone Dio sul banco degli imputati accusandolo di rimanere impassibile, avvolto nel suo infinito silenzio. La crudeltà e i patimenti che sommergono la faccia della terra aprono le porte del dubbio e gettano sospetti su Dio.

Le nuove generazioni, anche se inconsciamente, hanno assorbito l'angoscioso grido dell'"l'uomo folle" di Nietzsche che, in un mercato affollato con una lanterna in mano, "gridava la morte di Dio". É sempre più facile incontrare adolescenti e giovani che si allontanano da Dio a causa delle disgrazie.

All'aspirazione di tutti ad essere felici si contrappone, dunque, l'oscura ombra della sofferenza. Anche se non ci colpisce sempre direttamente e personalmente, ci turba quella degli altri. Una sofferenza così vasta, così intensa, così orribile, così estesa nel tempo e nelle latitudini, imprevedibile e incontrollabile causata o da eventi naturali quali terremoti, alluvioni, cataclismi di ogni genere o, ancora peggio, dalla fame e dalle guerre, oppure da malattie fisiche e psichiche, vecchie e nuove. Questo oceano di dolore sconcerta e soffoca la gioia di vivere. Mi irritano coloro che propagandano i più vari rimedi per vivere sempre felici; sono dei volgari imbroglioni o propagatori di teorie anestetiche che rendono insensibili e indifferenti, dunque di dottrine disumane. Quando i miei compagni di viaggio sono afflitti come posso io essere felice? Al massimo posso essere in pace con me stesso, conquistare una quiete interiore, frutto della fede, della rassegnazione o del fatalismo.

In questi tempi di "guerra a pezzi", come dice Papa Francesco, dove il terrorismo colpisce vigliaccamente la popolazione inerme nei punti più disparati del mondo, al dolore si aggiunge la paura, altro moto interiore che soffoca il cuore. La paura dei nostri giorni limita la libertà, toglie la tranquillità, rendendo tutti i luoghi insicuri. È in atto una vera strategia del terrore: aerei, treni, piazze, teatri, supermercati, sinagoghe, moschee e Chiese sono divenuti insicuri. L'assurdo è che questi crimini folli sono compiuti in nome di Dio, in forma rituale, come se uccidere e uccidersi fosse l'esaltazione eroica della propria fede e dell'adorazione ad un Dio al quale tutto deve essere sottomesso. Questa orrenda immagine della divinità spaventa e porta a pensare che siamo di fronte ad una guerra di religione, o a un conflitto culturale e di civiltà. In realtà tutto ciò nasconde vili interessi, spartizioni di preziose risorse del sottosuolo nelle varie aree del mondo e ingenti affari derivanti dal commercio delle armi. Niente di tutto ciò che accade è da imputare a Dio, ma piuttosto alla scelleratezza di uomini senza scrupoli, preoccupati di accrescere il loro potere e i loro forzieri, per i quali la vita e la sofferenza valgono niente. Potremmo, quindi, avere tanti meno guai se fossimo più umani e compassionevoli nell'uso della libertà e dei beni che sono di tutti. Di fronte, pero', a questi crimini che manifestano la malvagità del cuore umano, come recita il salmo 64 *"il cuore dell'uomo è un abisso",* (cfr vers. 7) viene spontaneo pensare: Perché Dio rimaneva silenzioso e inerte nei campi di concentramento nazisti, nei gulag sovietici, perché tace nei massacri etnici e nelle guerre fratricide? perché lascia condannare gli innocenti? Giobbe, antico interprete dei colpiti ingiustamente dalla sventura, così si esprime: *"Io grido a te, ma tu non mi rispondi, insisto, ma tu nono mi dai retta. Tu sei un duro avversario verso di me...".* (Gb 30, 20-21) Quale fatica per trovare una risposta convincente!

Chi di noi non conosce la paura, soprattutto quella di rimanere soli, di perdere le persone che ci sono care, di rimanere vittima di qualche attentato, di ammalarci di malattie inguaribili? Alla base dell'ateismo sta proprio la condanna alla sofferenza. Quando ci piomba addosso la sciagura, ci chiediamo: perché proprio a me? E perché proprio ora? I guai arrivano Inaspettati e ci trovano sempre impreparati. Fin dall'infanzia ci parlano di un Dio che ci vuole tanto bene, che *"ha cura di noi più che degli uccellini del cielo e dei gigli dei campi*" (cfr Mt. 6, 26-30). L'impatto con la disgrazia, quindi, la disabilità fisica e psichica, ed il fiume inarrestabile di dolore che attraversa tutta la storia umana si trasforma, allora, in un lamento corale: perché Dio non ha evitato la sofferenza? Il filosofo illuminista francese Pierre Bayle ha dato una risposta che è rimasta praticamente immutata fino ad oggi: "Perché Dio non ha evitato il male? O non può: allora non è davvero onnipotente. O non vuole: allora non è buono, giusto e santo. O non può e non vuole: allora non è onnipotente ed è maldisposto verso l'uomo. O può e vuole: ma allora perché tutto questo male nel mondo?"

Non ci rendiamo conto, invece, di quanto siamo noi uomini la causa della maggior parte delle sofferenze a causa dell'odio, degli egoismi, delle ingiustizie, delle invidie, delle menzogne. Ma sappiamo pure quanta sofferenza l'uomo sopporti senza essersela meritata. Soprattutto non c'è argomento che giustifichi la sofferenza immeritata dei bambini. Alla luce dei gravi drammi dell'umanità (Armenia, Auschwitz, Gulag, Hiroshima, terrorismo, tsunami e terremoti), Ebrei e Cristiani sono concordi su due punti importanti: negano un Dio indifferente, apatico, e crudele e affermano un Dio che, pur nascosto, è presente, guida la storia ed è misericordioso. È presente ed è nascosto, entra nel dolore e nella morte, come ci raccontano i grandi personaggi della Bibbia e i santi, ma anche tutti coloro che nella vita hanno sopportato prove indicibili; il Suo spirito infonde fiducia e speranza.

Edith Stein, ebrea convertita, dal Carmelo di Echt in Olanda, presagendo il suo arresto e la sua deportazione nei campi di concentramento, scrive all'amica Petra Bruning: *"non ho altro desiderio che si compia la volontà di Dio su di me e attraverso di me. Lui conosce quanto tempo mi lascerà ancora qui e che cosa succederà poi. (...) Ma è necessario pregare molto per restare fedeli in ogni circostanza, soprattutto per i molti che devono passare prove ben più ardue delle mie e non sono così ancorati all'eternità"* (Cfr Ebr 5, 7) Alla fine del 1941 Edith scrive alla sua priora: *"Si giunge a possedere una scientia crucis solo quando si sperimenta fino in fondo la croce. Perciò ha detto il mio cuore: Ave, crux, spes unica! Salve o croce unica speranza!"*. Il 2 agosto 1942 tutti i religiosi ebrei cattolici sono arrestati. Ha dieci minuti per lasciare il monastero, prende per mano sua sorella Rosa e dice: *"vieni! andiamo incontro al Signore per il nostro popolo..."* Nel campo di concentramento ad Auschwitz-Birkenau, la celebre filosofa è scomparsa nell'anonimato condotta verso gli spogliatoi, poi le camere a gas. Povera come il Crocifisso, con Rosa fra le braccia, sale il calvario per entrare nella luce; come Gesù si abbandona alla misteriosa volontà dicendo: *"Padre, nelle tue mani consegno il mio spirito"* (Lc 24, 46) Questa vita e questa morte mi sembrano emblematiche dei milioni di esseri umani che hanno sopportato il loro medesimo destino.

Traggo dalla vita di Simone Weil, altra straordinaria donna ebrea convertitasi a Cristo, l'esempio delle sofferenze fisiche e morali che non risparmiano nessuno. La sensibilità di ognuno sul tema della partecipazione emozionale alla sventura altrui emerge in un suo scritto di indicibile e dolorosa bellezza: *"sono smarrita di fronte alle certezze, quando vengo a contatto con la sventura altrui. Anche e forse a maggior ragione, se si tratta della sventura di coloro che mi sono indifferenti o sconosciuti, compresi quelli dei secoli più remoti. Questo contatto mi procura un male così atroce, strazia da parte a parte la mia anima a tal punto che per qualche tempo l'amore di Dio mi diventa quasi impossibile. Tanto che ne sono preoccupata per me stessa. Mi rassicura un poco il ricordo del pianto del Cristo nel prevedere gli orrori e la devastazione di Gerusalemme. Spero quindi che egli perdoni la mia compassione."*

Le critiche, talvolta ironiche, dei filosofi antichi e moderni nei confronti del cristianesimo sono rivolte alla sua stessa essenza. Essi ritengono assurdo credere in un Dio "sceso così in basso" da essersi fatto uomo e di essersi lasciato ammazzare. Gesù di Nazareth, che noi proclamiamo Signore, conduce una vita di sofferenza e di continue incomprensioni, anche in casa sua. La sua storia, così diversa dagli altri fondatori di religioni, è segnata da un arresto, dall'umiliazione, dall'abbandono degli amici, dalla fustigazione, da una condanna a morte e alla morte in croce, la più crudele e vergognosa esecuzione per il suo tempo, quando aveva poco più di trent'anni. L'ultimo degli ultimi. Di Lui udiamo l'urlo dalla croce capace di inquietarci ancora dopo duemila anni: *"Dio mio, Dio mio, perché mi hai abbondonato?"* (Mc 15, 34) Il silenzio del Padre lo catapulta in un isolamento totale, prolungato fino alle prime luci dell'alba di un memorabile giorno senza fine.

L'umanità intera è entrata con Lui in un lungo sabato santo, tempo dell'attesa del giorno in cui passerà per il risveglio felice. Guardando al cuore stesso del cristianesimo, come afferma Paul Claudel, possiamo comprendere che: *"Dio non è venuto a spiegare la sofferenza, è venuto a riempirla della sua presenza"*. È sulla Croce che il Figlio di Dio si rivela pienamente uomo e nostro fratello perché assume in s'è il limite e la caducità della tragica condizione umana, che è venuto a riscattare nel segno della sua resurrezione. Nel tempo dell'attesa, Dio si nasconde nel volto inespressivo di un bimbo celebroleso, come nelle croci innumerevoli di ognuno di noi. *"Non ha apparenza né bellezza per attirare i nostri sguardi, non splendore per potercene compiacere"*. (Cfr Is 53, 2) Non ha bellezza, ne' aspetto suggestivo il sacrificio. Il sacrificio è Cristo che patisce e muore: Egli è il significato della nostra vita. Tutta la vita è in funzione di qualcosa di più grande, in funzione di Dio. La nostra vita è in funzione di te, o Cristo. "Cerco il tuo volto" questa è l'essenza del tempo. "Cerco il tuo volto", questa è l'essenza del cuore. "Cerco il tuo volto", questa è la natura della ragione." (Cfr Sal 27, 8 e Don Luigi Giussani). L'affannosa ricerca conduce a scoprire Dio nascosto nel dolore innocente.

Concludo con un pensiero di un grande Vescovo, don Tonino Bello: *"Un giorno, quando avrete finito di percorrere la mulattiera del Calvario e avrete sperimentato come Cristo l'agonia del patibolo, si squarceranno da cima a fondo i veli che avvolgono il tempio della storia e finalmente saprete che la vostra vita non è stata inutile. Che il vostro dolore ha alimentato l'economia sommersa della grazia. Che il vostro martirio non è stato assurdo, ma ha ingrossato il fiume della redenzione raggiungendo i più remoti angoli della terra."*

L'OSSESSO DI GERASA
PARADIGMA DELL'UOMO MODERNO

L'intera storia di Gesù è in realtà la rappresentazione visibile ed efficace del conforto offerto da Dio ad ogni cuore umano afflitto dal male e dalla morte. Le sue parole e i suoi gesti permangono quale annunzio perenne al mondo che "Dio è Padre e ha cura di tutti i suoi figli. In Lui si è manifestato il suo amore per i piccoli e i poveri, per gli ammalati e gli esclusi. Mai Egli si chiuse alle necessità e alle sofferenze dei fratelli." (Preghiera Eucaristica V/c) Gesù è costituito dal Padre "simbolo" supremo del suo agire divino, espressione eterna e irraggiungibile della sua compassione. "In Lui si incrociano inscindibilmente e in modo perfetto, come dice S. Giovanni nel suo prologo, sarx umana e Logos divino, ossia carne e Verbo, storia ed eterno, spazio e infinito, contingenza e assoluto" (Ravasi: Potenza dei simboli). Tutto l'uomo è assunto dal Verbo.

Stimolato dal fascino della lettura metaforica, simbolica e allegorica della Bibbia che "fotografa i fatti per inviare all'oltre" (Ravasi: Potenza dei simboli), mi sono lasciato conquistare, dall'inquietante, sorprendente, grottesco e perfino ironico capitolo 5, versetti 1-20 del Vangelo di Marco: La Liberazione del posseduto di Gerasa. Lo strano racconto interpretato alla luce dei simboli, di cui è ricchissimo, mi è parso attuale e pertinente al tema del Congresso. Mi ha aperto la mente su come Dio conforta il cuore degli afflitti. L'anonimo personaggio liberato da Gesù è il paradigma dell'uomo assoggettato alle forze del male.
La dominante cultura dell'egoismo e della violenza è capace di corrompere la mente, diffondendo odio, paura e angoscia. Un contagio allarmante aggredisce anima e psiche dell'uomo moderno svuotandolo di Dio e dell'amore per la vita e per il creato. Occulte forze maligne seducenti e ideologie materialiste inducono l'uomo ad un delirio di onnipotenza, illudendolo di essere lui stesso dio. Indagando il racconto ho scoperto parecchie affinità tra l'uomo di Gerasa e molti nostri contemporanei. Egli si isola, si autolede, è infelice, insonne, agitato, aggressivo, depresso, confuso, inavvicinabile e violento. Dice Marco che egli viveva nelle tombe; ma i morti, nel pensiero di Gesù, non sono coloro che hanno scelto il nulla ed hanno preferito le tenebre alla luce, l'odio all'amore? "Lasciate che i morti seppelliscano i morti" (Cfr. Lc 9, 60). Non chiama gli ipocriti "sepolcri imbiancati"? (Cfr. Mt 23, 27) L'uomo di Gerasa è un disperato solo, senza attese, senza futuro, vittima dello spirito impuro, dominato dal male.

Il suo tormento non aveva tregua, ogni volta che "lo legavano con ferri e catene, le catene erano rotte da lui e i ferri spezzati" (v4). Tutto lasciava presagire un'inesorabile condanna alla follia. Le sue ossessioni compulsive non gli davano sosta "notte e giorno, nelle tombe e nelle montagne, stava a gridare e a ferirsi con delle pietre" (v5). Quanti nostri contemporanei non hanno più sogni, tormentati dall'angoscia cercano sollievo ma non ne trovano. Mi colpisce quel suo ferirsi con le pietre gridando. Uno sfogo isterico causato dalla disperazione. Io so che quando il dolore dell'anima è tanto lancinante si pensa di attenuarlo, di farlo tacere con il dolore fisico. Ho visto persone disperate che si strappavano i capelli, altri che sbattevano la testa contro un muro per dare sollievo al cuore straziato.
Scorrono davanti agli occhi della nostra mente cortei di disperati, afflitti da ogni sorta di mali: morali, psichici, fisici, familiari, sociali. Noi stessi talvolta possiamo ritrovarci in quest'uomo che personifica il disorientamento, la confusione, la tristezza e l'abbandono.

L'evangelista Marco parla di "Un uomo in spirito impuro", come a voler indicare uno che ha perso i valori del bene, le speranze, la gioia di vivere, il piacere per il bello e, svuotato dell'amore, vive ripiegato su di sé. Il cimitero di Gerasa evoca le nostre città dove sembrano sepolti i valori fondamentali della vita: la fede, la famiglia, l'amicizia, la solidarietà, il rispetto, l'accoglienza, la comprensione. È sconcertante vedere così tanti fratelli avvolti dalle tenebre del non senso, smarriti in labirinti dal difficile ritorno. Il racconto surreale è ambientato in pieno territorio pagano, profetico presagio della nostra società post-cristiana. Gesù sembra essere solo, è probabile che gli apostoli vi fossero, ma Marco non ne parla; se vi sono, non svolgono alcun ruolo. Gesù agisce da solo. Interessante e attuale profezia. Anche quando la Chiesa è in crisi e sembra quasi perdere visibilità, prestigio e credibilità, Il Figlio di Dio avanza, non arresta il cammino del Suo Regno, continua la Sua opera di liberazione e di salvezza.

Il Vangelo, nella sua impressionante attualità, rincuora e consola i discepoli di Cristo chiamati a vivere l'oggi inquieto e turbolento, a non aver paura, a non temere né la prepotenza del male, né le nostre sconfitte. Gesù è il Signore, il vincitore, il liberatore, colui che scioglie le catene, colui che compare all'orizzonte quando il cielo ci sembra inesorabilmente chiuso "vide Gesù da lontano" (v6). In Lui si manifesta la mitezza, la comprensione, la compassione, la solidarietà, cammina incontro a noi offrendoci le armi del combattimento, le uniche che curano il cuore. L'avvicinarsi di Gesù all'uomo furioso manifesta la tenerezza del creatore che ha compassione non solo dell'uomo impuro, ma anche dell'angelo ribelle; non disdegna di parlare con lui, dialoga anche con il diavolo e lo accontenta nelle richieste. Incommensurabile tenerezza di un Dio che è Amore. Il posseduto "...gridando con voce forte, disse: "Cosa ti interessa degli affari miei, Gesù, Figlio dell'Altissimo? Ti scongiuro per Dio, non tormentarmi!" (v7). "E lo supplicarono (gli spiriti impuri), dicendo: Congedaci nei porci, affinché entriamo in loro" (v13). "E lo permise loro. Ed essendo usciti gli spiriti impuri entrarono nei porci" (v14).

Colui che riduce lo sventurato senza dignità trascinandolo nella disperazione ha un nome: si chiama Legione è uno e sono migliaia ...Alla domanda di Gesù "Qual è il tuo nome?" gli disse: "Legione è il mio nome, perché siamo in molti" (v10) plurale e singolare si alternano nel grottesco conversare di Satana. L'influsso e l'azione del male nella nostra vita ha molti aspetti, attraverso mille modi si insinua nella nostra mente, strisciante e seducente per opprimerci e incatenarci nel peccato e così privarci della vera libertà. Potere, successo, ricchezza, superbia, vanità, gelosia, lussuria, ambizione, tutti "spiriti impuri", che in realtà sono suggestioni che illudono. Conturbante e tenebroso mistero del male. Nel Padre nostro Gesù ci insegna a pregare: "liberaci dal Maligno"; nella liturgia: "Liberaci, o Signore, da tutti i mali" come se la radice oscura fosse la medesima.

Il vero credente deve vincere la dominante cultura del male e della morte. Contrastare il nemico e riporre ogni fiducia in Colui che passa, imparare da Lui che ha amato senza misura. Un grande nemico dell'uomo contemporaneo è l'isolamento affettivo. Un riferimento impressionante lo troviamo nel racconto di Marco dove il posseduto viveva nelle tombe e nelle montagne. Preferiva la compagnia dei morti e degli animali agli uomini. Anche nelle moderne solitudini si preferiscono gli animali alle persone. Nella parabola del ricco Epulone e del povero Lazzaro, Gesù parla con ironia di cani che leccavano le piaghe del povero, quasi fossero più pietosi del ricco. (Cfr Mt. 15, 27 – Mc 7, 28) Stare in compagnia dei morti può esprimere una volontà suicida, quella spinta interiore a farla finita perché la vita si è fatta insopportabile. Scendere in una tomba non è forse il desiderio di tanti infelici? Le nostre civiltà opulente ed evolute nelle tecnologie e nelle scienze, annoverano un numero sempre più crescente di suicidi. L'uomo dal cuore spezzato riconosce il Signore e alza lo sguardo verso di Lui. Dio non è sordo al grido dei suoi figli, quest'uomo gridava e piangeva e Dio gli manda il suo Cristo, la Misericordia fatta Carne. Nel disorientamento culturale, che genera confusione e ansia, Dio ci offre l'ancora del Vangelo che libera e orienta.

Il nome Legione con il quale si presenta Satana evoca gli imperialismi e i poteri dittatoriali di ieri e di oggi. Non è privo di ironia e di denuncia. Legione è un nome latino che indica almeno duemila militari dell'esercito romano invasore. L'allusione è chiara. L'oppressione dei popoli e dei poveri, imposta con la forza delle armi, è diabolica. Privare della libertà per sottomettere l'uomo togliendogli i diritti fondamentali è contro Dio. Lo sprofondare nel mare dei porci, animali impuri e detestati come gli invasori, è il segno escatologico e consolante della vittoria della giustizia e della liberazione degli oppressi che ha avuto inizio con la venuta di Cristo sulla terra.

Il precipitare dei porci nel mare allarma e fa paura per l'evidente rovina economica. L'interesse finanziario, continuando la lettura simbolica del testo, arriva prima del bene dell'uomo. È scarso l'interesse per la persona liberata, mentre è grande la disapprovazione per il danno subito. L'enorme perdita dei mandriani allarma l'intera città. Gli affari con i romani e i pagani subiscono consistenti perdite. È un uomo pericoloso questo Gesù, che si occupa più dei disgraziati che della ricchezza degli allevatori e dei commercianti. Meglio cacciare colui che fa tali cose, che insegna tali dottrine. L'ammirazione per il concittadino guarito si trasforma in indignazione per le perdite subite. Oggi, come allora, è meglio fare i nostri affari, anche a scapito degli altri, piuttosto che pagare il prezzo necessario per ridare dignità ai diseredati, "Ebbero paura. E coloro che avevano visto raccontarono loro come era successo all'indemoniato e riguardo ai porci. E cominciarono a supplicarlo di andarsene dal loro territorio" (v17). È la forza esigente della sua parola che può cambiare il mondo, il Vangelo della liberazione deve essere annunziato con il distacco dai beni. Ritornano le invettive di Gesù "guai a voi ricchi" e l'intera predicazione del Signore che pone l'uomo al centro della vita. Gli abitanti di Gerasa non vogliono cogliere il segno profetico, preferiscono l'attaccamento alle ricchezze del mondo, "al Dio mammona," che cambiare vita ed accogliere Gesù. Anche oggi diciamo a Cristo: Vattene dalla nostra cultura, vattene dalla nostra economia, vattene dalla politica, vattene dalla scuola, vogliamo costruire la città senza di te. Ancora più tragico, come denuncia Papa Francesco, quando ancorati ai poteri, ai privilegi, alle ricchezze, alle carriere, al prestigio, alle tradizioni ormai obsolete, rifiutiamo di modellare la Chiesa alla luce del Vangelo. Se non anteponiamo, a tutto e a tutti, gli emarginati e gli ultimi, diciamo a Gesù: "Vattene dalla Chiesa." Il racconto, così denso di colpi di scena, si conclude con la gioiosa adesione alla persona di Gesù del liberato, che vuole restare con Lui, seguirlo. Una volta toccato dal suo amore non può più fare a meno di Lui. "Lo pregava di permettergli di stare con Lui" (v18). Egli è ovunque con la sua compassione e la sua misericordia. Gesù gli disse: "Vai a casa tua, e annuncia loro tutto ciò che il Signore ha fatto per te e come ha avuto pietà di te" (v19). L'ambito primo, dove incontrarlo, annunciarlo e seguirlo, è proprio la nostra famiglia, la nostra casa, i nostri amici. È Il luogo ordinario della nostra vita, la terra da seminare, il mare dove gettare le reti, la vigna da accudire.

I GIOVANI E L'EUCARISTIA SACRAMENTO DEL SUO VOLTO

Per una riflessione sul tema "I giovani e l'Eucarestia Sacramento del Suo Volto" mi sono affidato alla mia esperienza di parroco, vissuta in diverse realtà parrocchiali e nei vari gruppi e movimenti. Shalom mi ha permesso di avere contatti con diversi giovani cristiani, europei, africani, asiatici, latino-americani e di conoscere il loro amore per l'Eucarestia. Sono un giramondo per vocazione, "la Chiesa in uscita" nelle periferie esistenziali e sociali del mondo, tanto auspicata da Papa Francesco, è per me un imperativo vocazionale, così come il mondo giovanile è stato e rimane fino ad oggi l'ambito prioritario del mio sacerdozio. Shalom, del resto, nasce da un gruppo di ragazzi di una parrocchia di campagna che volevano cambiare il mondo, modellandolo sulle parole di Gesù. La partecipazione assidua alla Messa come ministranti e cantori ispirò la nostra storia e i nostri ideali suggeriti dalla liturgia.

Nella "santa cena del Signore" che ci parla sempre di condivisione, di servizio, di perdono, di amore per gli ultimi, si trova il centro e il cuore della pastorale giovanile. È da questa sorgente inesauribile che scaturisce la comunione, la forza e la luce per camminare gioiosamente insieme, lasciandoci condurre, mano nella mano, da Gesù. I giovani hanno il coraggio dell'utopia, l'utopia di un mondo giusto e fraterno di cui l'Eucaristia è l'anticipazione e il compimento. Sulla terra e nel tempo, grazie alla Messa, i ragazzi percepiscono il gusto delle cose eterne e si sentono attratti dall' Amore Divino. Il loro sguardo incantato si posa sulla natura che li circonda e li abbraccia e, nell'umile materia del pane e del vino, riconoscono Colui che "disceso dal Cielo" (Gv 6, 38) non ci lascia più. L'infinitamente piccolo contiene l'universo intero. Il pane e il vino racchiudono Colui che l'Universo non può contenere. I giovani discepoli vogliono cambiare il mondo secondo il desiderio di Gesù, sanno che la realtà supera il conoscibile e "nulla è impossibile a Dio" (Lc 1, 37). L'utopia non è fuga dalla storia, ma il migliore inserimento in essa per migliorarne e accelerarne il corso.

Il vistoso abbandono dei giovani della pratica religiosa è la logica conseguenza della dominante cultura materialista, refrattaria alle regole e ai dogmatismi, tradotta in un anarchismo morale e in un soggettivismo esasperato. Malgrado questo clima asfissiante e le sue deprimenti conseguenze, lo Spirito Santo rimane instancabilmente all'opera. La comparsa sulla scena del mondo di Papa Francesco è una delle grandi sorprese di Dio. Egli sa parlare ai giovani, i suoi gesti suscitano entusiasmo, le sue aperture e la sua spontaneità sincera, lo rendono vicino alle nuove generazioni entusiasmandole per la causa dei poveri e mostrando sempre il Volto misericordioso di Dio di cui l'Eucarestia è il segno più evidente. Egli ha fiducia nei giovani e li incoraggia a mobilitarsi, a farsi sentire, perché sa che sono attratti dal bene e dal bello e desiderano elevarsi nelle dimensioni dello spirito. L'apostasia è solo apparente, i mezzi di comunicazione, che amplificano solo il male, non rendono giustizia ai giovani; lo smarrimento di molti è l'effetto devastante della nostra incapacità come Chiesa di conquistarli a Cristo, una Chiesa sfigurata dall'incoerenza, dalle divisioni e dagli scandali di cui spesso essi stessi sono vittime. È improprio dire che hanno abbandonato Gesù, semplicemente non lo hanno "visto in noi" (cfr 1Gv 3,1), né conosciuto, né incontrato. In realtà la maggioranza dei ragazzi oggi proviene da genitori lontani, coppie problematiche, separati, divorziati. Negli incontri in preparazione ai sacramenti ci rendiamo conto dell'impreparazione di molti genitori che conservano appena residui catechistici infantili e pregiudizi nei confronti della religione e della Chiesa. Sono comunque occasioni preziose per parlare loro della fede cristiana come conquista di libertà e di felicità. Per noi preti: "pescatori di uomini" (Mc 1, 17) è il tempo propizio per calare le reti. Nel dialogo sarà possibile indicare le tappe dell'iniziazione cristiana come scoperta progressiva, per i loro figli, dell'amore vero e della bellezza della vita cristiana mostrando il volto vicino e incantevole del Dio di Gesù Cristo. Purtroppo constatiamo con tristezza che spesso, dopo la cresima, scompaiono figli e genitori. Sugli operatori pastorali, sacerdoti, animatori e catechisti, incombe il rischio dello scoraggiamento e della sfiducia. Come i pescatori di Cafarnao, sulla "sua parola" senza cedere alla stanchezza, dobbiamo di nuovo "calare le reti" (Gv 21, 6) permanendo nella quiete interiore, senza scoraggiarci mai. Se abbiamo seminato a piene mani, il buon seme della parola presto o tardi, porterà il suo frutto. Il nocciolo della questione sta proprio qui, preparare bene il terreno che rispecchia perfettamente le caratteristiche e le strategie suggerite dalla parabola del seminatore (Mc 4 3, 9). Ancora, malgrado il Concilio Vaticano II, permangono, a macchia di leopardo, prassi inadeguate di catechesi. Spesso non è il "buon seme " a cadere sulla terra, ma inutile "vento", cioè formulette incomprensibili, favole "da vecchierelle", immagini spaventose di diavoli, inferni danteschi e minacce divine, morali sessuali repressive, devozionalismi patologici e miracolismi ingannevoli, che stravolgono il Volto di Dio, facendone l'oltraggiosa parodia dell'implacabile giustiziere o, peggio ancora, dell' ossessionante guardone. Questo Dio non c'è, non esiste proprio.

È urgente rimettere al centro della formazione dei ragazzi e dei giovani l'uomo, Gesù di Nazareth, con le sue umili origini, la sua storia affascinante e reale, trasmessa a noi dai primi testimoni che lo hanno conosciuto, visto e udito nel suo impeto travolgente e rivoluzionario. Non si può giungere alla conoscenza del Padre se non si conosce Gesù nella sua umanità: "chi vede me vede il Padre" (cfr Gv 12, 45) "io e il Padre siamo una cosa sola" (Gv 10, 30). Occorre ricordare quello che Gesù ha insegnato, ma soprattutto quello che ha vissuto nei suoi giorni trascorsi con noi qui, su questa nostra piccola terra divenuta immensamente grande per la sua visita. Raccontare Gesù nella sua fisionomia umana, quando soffre, o è allegro o malinconico, deluso, infastidito, adirato con gli amici o gli avversari, tenero con le donne e i bambini ce lo rende talmente vicino da aprirci il cuore. In Lui riscontriamo, come in noi del resto, sensazioni, emozioni, gioie, disagi e paure. I giovani si lasciano conquistare da questa sua umanità, lo sentono vicino, uno di loro. Certo si deve continuare a ripetere che è Figlio di Dio, ma anche che questo Figlio è talmente solidale con noi da aver avuto le stesse connotazioni fisiche e psichiche, mentali e spirituali, con tutti i limiti, persino la stanchezza, il sonno, la fame, il turbamento, il timore, il pianto, l'ira, il piacere degli amici e delle amiche che lo accarezzavano, lo profumavano e gli baciavano i piedi. Non disdegnava il buon cibo tanto che l'offendevano dicendo: "è un mangione e un beone" (Lc 7, 34). Ammirava il cielo e i gigli dei campi, il mare, i prati, le colline e i monti. Osservava i contadini, i pastori, i pescatori, le donne nelle fatiche domestiche quando portano l'acqua e fanno il pane. Guardava come esempio la vita degli animali, cani, pecore, agnelli, buoi, pesci, volpi e lupi, perfino galline e pulcini. Le sue relazioni in famiglia, una grande famiglia, non erano facili per le sue inaudite idee e le sue scabrose e strane amicizie. Anche "fra i suoi", a motivo delle sue contestazioni, incontrava incomprensioni e suscitava contrasti, tanto da crederlo "fuori di sé" (Mc 3, 21). Nella sua città di Nazareth, dove aveva trascorso il tempo più lungo della vita, lo guardavano con sospetto credendolo un impostore e un sovversivo. Conosceva storie di viandanti e di città, di cercatori di tesori e di pietre preziose. Con questi racconti ed altri ancora incantava i suoi uditori e, credo, anche i giovani di allora che lo ammiravano per la veemenza della sua parola a difesa degli uomini e delle donne disprezzati e calpestati nei loro diritti fondamentali, nella loro dignità di persone, violata da insopportabili discriminazioni e umiliazioni. Il suo messaggio era un proclama in difesa dell'umanità, vittima di soprusi, violenze, ingiustizie, che spingeva la gente e soprattutto i giovani, a lasciare tutto e a seguirlo nell'avventura di un nuovo ordine da costruire, un nuovo mondo da forgiare che chiamava "il mio Regno" (cfr. Lc 22, 29). Un Regno incredibile che ha inizio con Lui e con chi lo segue con coraggio, coerenza e costanza "chi pone mano all'aratro e si volta indietro non è degno di me" (Lc 9, 62), un mondo capovolto dove i poveri e i disgraziati saranno felici e i piccoli saranno i più grandi e gli ultimi i primi. La costruzione di questo mondo è già in atto e cresce quando dormiamo e quando vegliamo giungerà nel suo splendore all'improvviso "come un ladro nella notte" (Mt 24, 43).

La natura del giovane di sempre è attratta dalla coerenza dei testimoni e dell'amore radicale; Gesù ne è l'esempio più alto. I giovani, quindi, non possono non essere affascinati da Lui. Quando lo hanno conosciuto, lo amano, lo ascoltano, lo seguono. Mai come ai nostri giorni c'è bisogno di Lui, dei suoi gesti e della sua parola per contrastare un mondo triste e senza speranza. L'aspetto più esaltante di Gesù, che suscita interesse e attrazione, proprio oggi che si vive in una società multietnica e multireligiosa, è il volto del suo Dio che Egli chiama "Abba", un padre senza uguali, oltremodo benevolo con tutti i suoi figli, anche se scapestrati (cfr. Lc 15, 11-24) o di un re talmente generoso da condonare, su semplice richiesta, somme spropositate (cfr. Mt 18, 24-27). Secondo Gesù, Dio è preoccupato del bene e della felicità delle sue creature (cfr. Ger 31,13 - Mt 13, 37-38), ha un occhio di riguardo per i poveri, i prigionieri e gli oppressi (Lc 4, 18). Un tale Dio, così diverso dalle tante visioni religiose che oggi ci raggiungono, non può che sedurre le nuove generazioni. Un Dio che ama senza misura, che è bellezza infinita e sorgente di gioia, non può che attrarre irresistibilmente.

Molti giovani sono credenti o alla ricerca di Dio, alcuni, pur non sapendolo gli sono vicini. Ne ho incontrati innamorati del creato, dediti al volontariato, convinti assertori della giustizia e della pace, generosi e affettuosi verso i più sfortunati, pronti a viaggiare nel mondo per combattere le povertà e difendere i diritti umani, lieti di donare il sangue, gli organi e il loro tempo. Ne conosco innamorati di Cristo, orgogliosi e felici di essere suoi discepoli. Per tutti questi l'Eucaristia è il centro della vita. Essi hanno appreso dalla preghiera del Signore la richiesta del "pane quotidiano" (Mt 6, 9-13) intesa non solo come il necessario per la vita, ma come nutrimento per l'anima, nell'oggi senza fine, che ha avuto inizio incontrando Gesù. Il discorso di Gesù sul Pane Vivo disceso dal Cielo (cfr. Gv cap. 6) segue la moltiplicazione dei pani e dei pesci, segno della sollecitudine del Messia per tutte le fami del mondo, ed è un chiaro invito a mettersi al suo seguito. Il miracolo della moltiplicazione dei pani e dei pesci ci richiama l'immagine di un ragazzo che, offrendo generosamente la sua merenda, è per me il simbolo e il modello di tutti i giovani che vivono nello spirito delle beatitudini.

Nei segni e nelle parole della sua ultima cena, i giovani, seguaci di Cristo, sanno cogliere il senso della loro vita intesa come dono agli altri. Un programma intenso, arduo e scomodo che spinge non solo ad amare Dio "con tutto il cuore, con tutta l'anima, con tutta la mente" ma anche il "prossimo" (Mt 22, 37-40) che non è solo l'amico o il parente, o il connazionale, ma qualsiasi essere umano e, cosa inaudita, giusto o ingiusto che sia, anche l'antipatico e l'avversario, insomma quanti fanno parte della famiglia umana, proprio come Gesù che ha accolto, nel suo cammino, ebrei e greci, galilei e samaritani, buoni e cattivi, potenti e piccoli. L'Eucaristia non si limita al solo memoriale della morte e Resurrezione di Cristo ma contiene tutta la sua vita, è la sintesi della sua esistenza, il suo essere solo dono "passò facendo del bene a tutti" (Mc 5, 21-43), il suo amore estremo "fino alla fine" (Gv 13, 1) "tutto è compiuto" (Gv 19, 30). In ogni Messa ripetuta ogni giorno, più volte al giorno, Lui si dona e instancabilmente ci perdona, ci rinfranca, ci consola, ci solleva. Basta solo lasciarsi amare. Nell'intimità della Comunione prende dimora in noi per allontanare egoismo e tristezza. Nell'adorazione della sua presenza nascosta nel Pane, "i puri di cuore" (Mt 5, 8) vedono il Suo Volto. Molti giovani oggi soffrono di solitudine e di mancanza di affetti, si sentono incompresi e insicuri. L'Eucaristia è risposta alle loro ansie, al loro inappagato desiderio di amore. Avere per amico Gesù è non essere mai soli, con Lui si vincono delusioni e smarrimenti. Indichiamo ai giovani tristi e smarriti la via che da Gerusalemme conduce a Emmaus, con le scritture si scalderanno il cuore e nel pane spezzato lo riconosceranno (cfr. Lc 24, 13-35).

La convivialità

I Vangeli ci parlano spesso di Gesù a tavola, dal suo primo miracolo "le nozze in Cana di Galilea" (Gv 2, 1-11) alla sua ultima Cena a Gerusalemme. Anche in alcune visioni da Risorto siede a mensa o addirittura organizza una conviviale per i suoi. Questo è il suo modo di esaltare la bellezza della vita e la gioia dell'incontro con i fratelli "non vi chiamo più servi ma amici" (Gv 15, 15). Il simbolo biblico della tavola imbandita e delle bevande prelude alla festa senza fine nel suo Regno quando Egli stesso "passerà a servirci" (Cfr. Lc 12, 37) e, finiti i guai della vita, saremo per sempre nella sospirata gioia. È da questo clima festoso e caldo che dobbiamo rispondere alle attese dei giovani per celebrare con loro la "Santa Cena del Signore". Una liturgia accogliente, partecipata, accompagnata da canti appropriati. La Parola sarà proclamata e commentata con intelligenza e brevità per far cogliere ai ragazzi che Egli, il Risorto, è l'Ospite che ci convoca e ci intrattiene con argomenti e messaggi di impressionante attualità. Al dialogo con il Signore seguirà la preghiera dei fedeli, suscitata dall'ascolto della Parola, più coinvolgente e bella se spontanea, quando l'assemblea lo permetta, come nel caso di Messe per gruppi, associazioni e movimenti giovanili. Preziosi i momenti del silenzio quando l'anima entra in intimità con il Suo Sposo "Io sto alla porta e busso" (Ap 3, 20) "chi mangia la mia carne e il mio sangue rimane in me ed io in lui" (Gv 6, 56). È il tempo per la riflessione e la meditazione per far divenire la Messa progetto di vita. Quell' "andate", che un po' bruscamente conclude la Messa, è un esplicito invito ad uscire "dal Tempio" per incendiare il mondo con il fuoco dell'amore.

IL VOLTO DI CRISTO NELLE OPERE DI MISERICORDIA

Dar da magiare agli affamati

All'Angelus del 12 Novembre 2006 il Santo Padre Benedetto XVI ha parlato della fame nel mondo e delle scandalose povertà che affliggono l'80% della famiglia umana. Il Papa ha ribadito che i prodotti della terra sono un dono destinato da Dio per l'intera famiglia umana ed ha rivolto il suo appello alle più alte sedi istituzionali perché intensifichino il loro impegno per risolvere il drammatico problema dell'uomo affamato, assetato, nudo, esule, privato della sua dignità e condannato alle fosse comuni dell'indifferenza e dell'oblio.

Le opere di misericordia corporale, che trovano nel Vangelo la loro fonte ispiratrice, sono state nella bimillenaria storia della chiesa la risposta più immediata al grido dell'uomo sofferente ed hanno ispirato la più moderna carta dei diritti umani, così universalmente disattesa spesso proprio dalle nazioni che la composero mezzo secolo fa. La condizione di miseria della stragrande maggioranza di esseri umani è così vasta da pensare che sia irrisolvibile, basti pensare agli oltre 800.000 milioni di uomini e donne condannati al sottosviluppo, 29.000 bambini muoiono ogni giorno per fame e per sete e chissà quanti ancora per mancanza di cure mediche; si dice uno al secondo. Lo sanno bene i nostri missionari impegnati ad annunciare il Vangelo nei paesi in via di sviluppo, lo sanno le sempre più numerose organizzazioni di volontariato, cattoliche e laiche che combattono la fame e l'ingiustizia. È urgente che le opere di misericordia corporale chiamata oggi solidarietà e cooperazione internazionale entrino sempre più nei piani pastorali delle diocesi e delle parrocchie e diventino stile di vita per i cristiani. Nelle scuole di ogni ordine e grado oltre alle materie scientifiche e letterarie, dovrebbero esservi inseriti percorsi di educazione alla pace, alla solidarietà e alla mondialità e suggeriti testimoni come Madre Teresa di Calcutta, l'Abbè Pierre, suor Emmanuelle e molti altri ancora, che hanno fatto delle opere di misericordia lo scopo della loro vita. Il padre Ildebrando Gregori ispiratore della devozione al Santo Volto di Cristo, del quale si è chiusa l'inchiesta diocesana del processo di beatificazione e santificazione del Servo di Dio il 3 Luglio 2007, si può asserire che fece delle opere di misericordia corporali e spirituali il suo programma di vita. Ascoltò con cuore amorevole il pianto di molti bambini orfani e poveri, scoprì il volto dolorante di Cristo nei vecchi abbandonati, fu questa sua misericordia che lo spinse a fondare la Congregazione delle Suore Benedettine Riparatrici del Santo Volto di Nostro Signore Gesù Cristo, compendiando in modo mirabile le opere di misericordia spirituali e materiali nella scia delle quali consumò l'intera sua vita.

Il nobel Muhammed Yunus, fondatore della "Grameen Bank", la Banca dei poveri del Bangladesh così si esprime: *"Mi piacerebbe che nel 2050 il mondo si fosse finalmente lasciato alle spalle la povertà;che non ci sia più neanche un essere umano che possa essere definito povero. I nostri figli dovranno andare nei musei per trovarne ancora le testimonianze. E quando le scolaresche andranno con i loro insegnanti a visitare i musei della povertà, inorridiranno alla vista della miseria e dell'indegnità nella quale per tanto tempo sono stati tenuti gli esseri umani, e biasimeranno i loro padri per aver tollerato un flagello così vasto e crudele fino agli albori del Ventunesimo secolo".*

Necessità di un progetto economico mondiale

La nostra buona volontà, l'impegno della Chiesa e di tutte le organizzazioni di volontariato del mondo non sono comunque sufficienti per risolvere un problema così vasto e drammatico. Per debellare definitivamente la miseria che uccide è necessario che lo spirito delle opere di misericordia corporale siano tradotte in un grande progetto di economia mondiale propugnato dalle grandi potenze. Il Pontefice, sempre nel suo discorso del 12 Novembre, dichiara che: *"Occorre eliminare le cause strutturali legate al sistema di governo legate all'economia mondiale che destina la maggior parte delle risorse del pianeta a una minoranza della popolazione. Tale ingiustizia è stata stigmatizzata in diverse occasioni dai miei predecessori, i Servi di Dio Paolo VI e Giovanni Paolo II. Per incidere su larga scala è necessario "convertire" il modello di sviluppo mondiale, lo richiedano ormai non solo lo scandalo della fame, ma anche le emergenze ambientali ed energetiche. Tuttavia ogni persona e ogni famiglia può e deve fare qualcosa per alleviare la fame nel mondo adottano uno stile di vita e di consumo compatibile con la salvaguardia del creato e con criteri di giustizia verso chi coltiva la terra in ogni paese".*

Le esigenze profonde dell'uomo

Esiste una stretta correlazione fra le opere di misericordia corporale e le opere di misericordia spirituale perchè l'uomo nella sua unità ha bisogno di soddisfare la sua fame e sete di verità che non è più esigenza biologica ma spirituale. Le sue malattie non sono solo di natura fisica, ma più profonde ed hanno come causa il peccato, è come un pellegrino che cerca l'approdo e non lo trova, la sua prigionia, spesso è nella sua psiche medesima che lo chiude come in un carcere. La sua esistenza senza Dio perde la rotta e si muove disperatamente in un universo divenuto casuale e orfano e schiavo di se stesso, cade in una tristezza senza uscita, disilluso diviene diffidente e ostile verso i suoi simili, incapace di perdonare. La lontananza dalla fonte della vita e dalla verità, gli toglie il gusto della preghiera e recide quel filo misterioso che lo collega ai vivi e ai morti. Paradossalmente la nostra società opulenta e indifferente verso gli altri si è ammalata spiritualmente ed ha bisogno di chi la curi, si fa di nuovo urgente un grande progetto di pastorale globale ispirato alle opere di misericordia spirituale per soccorrere la moltitudine smarrita che cerca affannosamente la pace.

La Chiesa addita come centro originario della misericordia l'Eucarestia, che risponde ai bisogni dell'anima ma che sprona anche alla solidarietà per offrire risposte complete all'uomo di oggi. Il Santo Padre Benedetto XVI nella sua esortazione apostolica post sinodale "Sacramentum Caritatis" si esprime così: **"Ogni Celebrazione eucaristica attualizza sacramentalmente il dono che Gesù ha fatto della propria vita sulla Croce per noi e per il mondo intero. Al tempo stesso, nell'Eucaristia Gesù fa di noi testimoni della compassione di Dio per ogni fratello e sorella. Nasce così intorno al Mistero eucaristico il servizio della carità nei confronti del prossimo, che «consiste appunto nel fatto che io amo, in Dio e con Dio, anche la persona che non gradisco o neanche conosco. Questo può realizzarsi solo a partire dall'intimo incontro con Dio, un incontro che è diventato comunione di volontà arrivando fino a toccare il sentimento. Allora imparo a guardare quest'altra persona non più soltanto con i miei occhi e con i miei sentimenti, ma secondo la prospettiva di Gesù Cristo». In tal modo riconosco, nelle persone che avvicino, fratelli e sorelle per i quali il Signore ha dato la sua vita amandoli «fino alla fine» (*Gv* 13,1). Di conseguenza, le nostre comunità, quando celebrano l'Eucaristia, devono prendere sempre più coscienza che il sacrificio di Cristo è per tutti e pertanto l'Eucaristia spinge ogni credente in Lui a farsi «pane spezzato» per gli altri, e dunque ad impegnarsi per un mondo più giusto e fraterno. Pensando alla moltiplicazione dei pani e dei pesci, dobbiamo riconoscere che Cristo ancora oggi continua ad esortare i suoi discepoli ad impegnarsi in prima persona: «Date loro voi stessi da mangiare» (*Mt* 14,16). Davvero la vocazione di ciascuno di noi è quella di essere, insieme a Gesù, *pane spezzato per la vita del mondo*.**

Il volto sconosciuto del Risorto

Il mancato riconoscimento del Cristo Risorto, come è noto, è una componente costante delle apparizioni pasquali: clamoroso è il caso della Maddalena che scambia il Cristo per il guardiano del giardino (cfr. Gv. 20, 15) e dei Discepoli di Emmaus che lo pensano uno straniero (cfr. Lc. 24, 18), c'è dunque una strada diversa da percorrere per incontrar e riconoscere il Cristo glorioso. Essa non è più quella della semplice consuetudine familiare, degli occhi e dei sensi, è invece il cammino della fede e dell'amore. In ogni apparizione il Risorto sembra mutare i lineamenti del suo volto. Sono le piaghe, i segni indelebili del suo dolore, i sigilli della sua immolazione lo identificano in modo inequivocabile. Solo chi si fida della Sua parola e lo ama lo riconoscerà nella moltitudine dei volti doloranti della storia, gli sconfitti dalla vita, gli umiliati, i senza diritti, i rifiutati che vivono la tragedia di una morte civile e della sofferenza subita, si ergono a "sacramenti" della sua presenza, misteriosa e reale, prolungano la sua "incarnazione" e aggiungono nei loro patimenti, ciò che manca alla passione di Cristo (cfr. Col. 1, 24).

Nel discorso escatologico riportato dall'evangelista Matteo (25, 31-46) si ha una sintesi del Vangelo perchè viene definitivamente suggellato quanto Gesù ha detto dell'uomo e quanto esige da lui. La regola d'oro del Maestro è assunta dai suoi discepoli di tutti i tempi *"Chi accoglie voi, accoglie me e chi accoglie me, accoglie colui che mi ha mandato"* (Mt. 10, 40) e *"chi accoglie un bambino nel mio nome, accoglie me"* (Mt. 18, 5) dietro l'indicazione del bambino vi sono tutti coloro che hanno la condizione del bambino d'Israele, senza precisa tutela, totalmente bisognoso degli altri. È chiaro dunque che ciò che uno ha fatto a un'altro, specialmente a un povero per amore di Gesù, lo ha fatto a lui stesso. Ora questa regola viene universalmente applicata a *"tutte le genti"* (Mc. 13, 10). Ogni uomo nella molteplicità delle propria fisionomia rivela i tratti del Verbo incarnato, morto e risorto per noi.
L'amore vero è come un pilota interiore che conduce a Gesù, può capitare che nell'atto di servirlo sfamandolo, dissetandolo, coprendolo, curandolo, consolandolo, ospitandolo non lo riconosciamo. Egli attenderà come a Emmaus di svelarsi alla fine del cammino e al tramonto della nostra giornata. Infatti nel testo del giudizio molti diranno: "*Quando ti abbiamo visto affamato, assetato, nudo, forestiero o in carcere? Quello che avete fatto ai miei fratelli più piccoli lo avete fatto a me. Venite"*. (cfr. Mt. 25, 37-38). Questo insegnamento di Gesù è fondamentale per la nostra vita e ci mostra la grandezza dell'uomo ed il valore primario della vita umana *"creato a sua immagine e somiglianza"* (cfr. Gn. 1, 26-27) ogni uomo porta i tratti di Dio i crocifissi della terra divengono luogo dell'incontro con il Risorto. Come i discepoli di Emmaus e Pietro

sulle acque del Lago di Tiberiade quando un fratello ci viene incontro proprio diretto verso di noi, magari per chiederci aiuto, possiamo esclamare: *"È il Signore"* (Gv. 21,7) nel momento del dialogo fraterno e consolatore con gli ignoti che avviciniamo possiamo constatare che *"ardeva il nostro cuore"* (cfr. Lc. 24, 32).

L'avete fatto a me

Le richieste enunciate dal Giudice nel discorso escatologico del Vangelo di Matteo cap. 25, sono le tradizionali opere di misericordia corporale, che lo Spirito Santo nella sua signoria cosmica e universale, ha ispirato nel cuore degli uomini esprimendo così in ogni latitudine della terra la bellezza dell'amore. I cristiani sanno che la loro adesione a Gesù Via, Verità e Vita, deve esplicarsi in queste semplici opere. Proprio la semplicità di esse nella pratica, le distingue dalle altre opere della religione. Se l'eccelsa fede che fa di noi i detentori della verità non sa farsi tanto piccola da servire gli ultimi, essa è vana e sarà rigettata. Nell'ultimo giorno della vita varrà soltanto quello che ognuno avrà effettivamente operato, non quello che ha detto e pensato. Non valgono le denunce, i lamenti, la compassione e il rammarico per coloro che soffrono, ma soltanto il reale aiuto. Nei Vangeli i discepoli dichiarano di non aver riconosciuto subito Gesù risorto, come abbiamo visto precedentemente e di essere stati colti dalla sorpresa e dallo stupore del modo nuovo che Egli ha di manifestarsi. È il medesimo stupore che ritroviamo nelle folle che sfileranno nell'ultimo giorno davanti al Giudice che rivelerà di essersi nascosto in un loro vicino di casa o in un forestiero. In coro diranno: *"Quando ti abbiamo visto"*? (cfr. Mt. 25, 44). Ci viene da pensare che se lo avessero riconosciuto lo avrebbero servito subito come avevano fatto Simone, Levi, Zaccheo, Marta e Maria. Essi non sapevano che Gesù amava nascondersi e che la vita cristiana è essenzialmente cercare il suo volto. Credevano che l'amore a Cristo e l'amore agli uomini fossero due cose diverse, non l'unica e medesima cosa. Essi hanno alzato i loro occhi al Signore, nelle altezze dei cieli, essi hanno officiato culti sublimi alla divinità con abiti liturgici e incensi, essi hanno edificato magnifici templi, ma nel contempo trascuravano gli uomini sofferenti. Ora si fa chiara quest'infausta frattura del loro pensiero.

Date loro, voi stessi da mangiare

I quattro evangelisti riportano il miracolo della moltiplicazione dei pani e dei pesci ed i concetti basilari dei racconti sono facilmente individuabili: Gesù è il vero Pastore annunziato dai Profeti, è il nuovo Mosè, è il Messia che viene a radunare il nuovo popolo di Dio con la sua parola e il nutrimento che prodiga è in grado di saziare tutta la fame degli uomini. I discepoli sono invitati ad associarsi alla missione del messia. Essi hanno il compito di rispondere alle necessità degli uomini servendosi di mezzi assai scarsi dovranno radunare e sfamare l'umanità rendendo tangibile la misericordia di Dio in attesa del banchetto senza calcoli ne frontiere. Il dono dell'Eucarestia che la moltiplicazione dei pani e dei pesci significa, contiene anche un chiaro invito alla condivisione dei beni della terra, è un'istanza di giustizia, un invito a sfamare e dissetare i popoli diseredati.

Ogni discepolo guarda al sua maestro per imitarlo, l'amore per lui lo rende simile. In Marco, cap. 6 vers. 30-44, si racconta che Gesù va incontro alla folla accondiscendendo al loro desiderio ed il racconto insiste sulla particolare sollecitudine verso di essa. L'espressione *"ne ebbe pietà"* (cfr. Mc. 8, 2) sinonimo di misericordia è assai eloquente, il testo greco dice letteralmente: *"le sue viscere si riscaldarono"* come quelle di Dio per il suo popolo (cfr. Os. 11, 8). In contrapposizione ai cattivi pastori di Israele, Dio ha promesso al suo popolo un buon pastore nella persona del Messia atteso. Nei racconti della moltiplicazione dei pani e dei pesci Gesù si presenta come questo pastore divino che viene finalmente a prendersi la massima cura del suo popolo e Marco sottolinea che il maestro comincia con l'insegnare a lungo alla folla. È come se ponesse ora l'accento sulle opere di misericordia spirituali, di certo egli con la sua parola consiglia i dubbiosi, ammonisce i peccatori, consola gli afflitti, insegna il perdono, invita alla pazienza amorosa con tutti e si fa modello di preghiera indicando le cose ultime e istruendo sulla misteriosa solidarietà della preghiera che ci fa comunicare con gli abitanti del suo regno. Per ben due volte l'evangelista Marco ha notato l'importanza dell'insegnamento del maestro (cfr. Mc. 1, 22 e 11, 18) però non ne ha mai precisati i contenuti ma un particolare è significativo: prima di sfamarli con un pane miracoloso ma concreto, è anzitutto con la sua parola che Gesù sazia i bisogni profondi dell'uomo. Dunque si tratta delle opere di misericordia spirituale che raggiungono cuore e mente grazie alla parola Divina.

La via della condivisione

I quattro evangelisti narrano la moltiplicazione dei pani e dei pesci con rapide annotazioni ricche di reminiscenze bibliche, richiamano immagini di quando Israele si è trovato in precedenza nel deserto esule e tormentato dalla fame e dalla sete. I discepoli vorrebbero congedare la gente e rimandarla dispersa nei villaggi lontani incoscienti del loro dovere di assisterla nelle loro esigenze corporali e spirituali. Ma Gesù non la pensa così, egli insiste: *"Date voi stessi, loro da mangiare*" (cfr. Mc. 6, 37) questo appello diretto alla loro nuova responsabilità di fratelli universali lascia i discepoli perplessi, essi oppongono a Gesù un paragone di carattere economico (cfr. Mc. 6, 38) l'obiezione è pertinente, sfamare tutta quella gente costerebbe una fortuna, ma Gesù indica loro la strada per sfamare le folle: la condivisione. Ecco è necessario condividere i beni della terra per moltiplicare il pane e sfamare tutti. Ecco nascere la nuova via della solidarietà. Gesù chiede loro di controllare quello che è disponibile; il conto è presto fatto: 5 pani e due pesci, provviste davvero misere, ma è il poco di ognuno messo a disposizione dell'altro che sfama e disseta. Gesù per operare il prodigio ha voluto aver bisogno di un'"opera di misericordia corporale" compiuta da un ragazzo, non gli era certamente necessaria quella poca provvista per operare un così stupefacente prodigio. Ha voluto la solidarietà di un suo giovane ascoltatore, un anonimo e improvvisato discepolo, che si è fidato di lui. Questo ci da la certezza che ciò che si dona al fratello con amore sarà prodigiosamente moltiplicato e l'impegno di tutti porterà alla "sovrabbondanza" già annunciata dai Profeti. Sulla terra il Padre provvede il necessario per tutti i viventi, sta a noi distribuirlo. Il salmo 104 esalta il Padre prodigo di doni:

"Dalle tue alte dimore irrighi i monti,
con il frutto delle tue opere sazi la terra.
Fai crescere il fieno per gli armenti
e l'erba al servizio dell'uomo,
perchè tragga alimento dalla terra:
il vino che allieta il cuore dell'uomo,
l'olio che fa brillare il suo volto
e il pane che sostiene il suo vigore.
Tutti da te aspettano che tu dia loro il cibo in tempo opportuno
tu lo provvedi, essi lo raccolgono,
tu apri la mano, si saziano di beni".

Il volto misericordioso di Cristo

La misericordia "viscerale", dalle molte sfaccettature, di cui si parla nell'antico testamento nei riguardi di Dio, sull'analogia del parlare umano, si rende pienamente visibile nel volto di Gesù. Egli è l'irradiazione della gloria del Padre come dice l'Apostolo Paolo e ci mostra il suo volto *"chi vede me vede il Padre"* (cfr. Gv. 12, 45). Il verbo incarnato, sul cui volto appare il dolore, l'umiliazione, la commozione, la compassione, la tenerezza rivela un cuore capace di nutrire emozioni come il nostro. La bontà misericordiosa che traspare da Gesù è infinita e abbraccia tutte le debolezze umane. Scorriamo alcuni episodi evangelici che ci mostrano Gesù che esercita le opere di misericordia: Egli si commuove per il lebbroso e lo guarisce *"mosso a compassione"* (Mc. 1, 41), per la vedova di Nain che ha perduto il suo unico figlio e lo richiama in vita *"Vedendola, il Signore ne ebbe compassione*" (Lc. 7, 13), per i due ciechi di Gerico che poi guarisce *"Gesù si commosse"* (Mt. 20, 34), piange per la morte di Lazzaro *"Gesù scoppiò in pianto"* (Gv. 11, 35), piange per la rovina ormai prossima di Gerusalemme dove si sta recando per subirvi il martirio *"Alla vista della città, pianse su di essa"* (Lc. 19, 41). Le opere di misericordia compiute da Gesù sono insieme corporali e spirituali. Così Gesù *"Sbarcando, vide molta folla e si commosse per loro"* (Mc. 6, 34) e cominciò a istruirli. Tutta l'attività messianica di Gesù, che in alcuni casi gli toglie addirittura il tempo di prendere un boccone (cfr. Mc. 3, 20), è compiuta all'insegna della misericordia. La sua più essenziale opera di misericordia è quella che risana l'uomo corrotto dal peccato e bisognoso di redenzione Gesù pronuncia sui peccatori le parole della misericordia divina: perdona l'adultera (cfr. Gv. 8, 11), apre le porte della vita eterna al ladrone pentito (cfr. Lc. 23, 39-43), esorta tutti i peccatori ad andare da lui mite e umile di cuore (cfr. Mt. 11, 32).

La concretezza della Misericordia

La vera misericordia si manifesta con azioni concrete, il sentimento e la compassione precedono l'azione. Nella parabola del buon Samaritano, tra i personaggi ricordati da Gesù, è stato prossimo verso il malcapitato quel tale "che ha fatto misericordia" all'uomo mezzo morto; e Gesù esorta il dottore della legge che lo ha interrogato a passare all'azione: *"Và, e anche tu fá lo stesso"* (Lc. 10, 37). Il termine "Misericordia" viene spesso usato nei Vangeli con significato operativo nei riguardi dei malati che si rivolgono a Gesù: è il caso dei due ciechi che chiedono misericordia cioè la guarigione (cfr. Mt. 9, 27) e della cananea che chiede misericordia per la figlia crudelmente tormentate dal demonio (cfr. Mt. 15, 22) con lo stesso senso esso viene impiegato nella parabola del servo spietato: *"Non dovevi forse anche tu avere pietà per il tuo compagno, come io ho avuto compassione di te?"* (cfr. Mt. 18, 33).

Sul nostro volto il volto del Risorto

La misericordia del Padre che rifulge sul volto del Verbo fatto carne deve risplendere sui volti dei suoi discepoli. *"Come il Padre ha mandato me, anch'io mando voi"* (cfr. Gv. 20, 21). Ai farisei che si scandalizzavano nel vedere il Maestro mangiare con i pubblicani e i peccatori, Gesù risponde: *"Andate dunque e imparate che cosa significhi: Misericordia io voglio e non sacrificio"* (Mt 9, 13). Su questo versetto evangelico ritenuto tra i più importanti sull'argomento, vediamo la progressione: Dio, Cristo, Cristiano. I seguaci di Gesù devono accogliere questo volere del maestro divino "andate dunque e imparate" la pratica della misericordia. Le opere di misericordia nel loro insieme modellano il discepolo rendendolo trasparente di colui che seguono e che attraverso l'amore prende dimora in loro. Il fratello desolato scopre nei discepoli di Gesù lo stesso volto consolatore del Risorto. Vivendo le opere di misericordia i cristiani seguono il programma suggerito dal maestro: *"Siate perfetti come perfetto è il Padre vostro che è nei cieli"* (cfr. Mt 5, 48). L'apostolo Paolo parafrasando l'insegnamento del Signore a questo proposito, invita a *"Rivestirsi di sentimenti di misericordia, di bontà, di umiltà, di mitezza e di longanimità"*. (cfr. Cl , 3 12)

Beati i misericordiosi perché troveranno misericordia

Le opere di misericordia nascondono il segreto della felicità. Come l'innamorata è felice quando incontra colui che ama e non si stanca mai di guardare il suo volto, così è di chiunque riconosce nel fratello umiliato Gesù. L'anima trasale di gioia, del resto l'aveva detto il Signore medesimo: *"c'è più gioia nel dare che nel ricevere"* (cfr. At. 20, 35). Solo coloro che fanno l'esperienza del dono gratuito dell'amore, sperimentano la dolcezza della presenza del Signore che ripaga cento volte tanto il più piccolo gesto d'amore (cfr. Mt. 19, 29). Si tratta di quella pace che il mondo non conosce, che non si compra, semplicemente perchè non ha pezzo, la trova soltanto chi sa dare, chi perde la propria vita. Modelli luminosi sono stati disseminati lungo la strada della nostra vita cristiana Francesco d'Assisi si definisce "il più felice degli uomini" si è spogliato di tutto ed ha scoperto il volto del Risorto nel lebbroso che bacia. Si può tranquillamente dire che nel compiere le opere di misericordia si traggono grandi vantaggi, oltre al tesoro che viene accumulato in cielo. In questa beatitudine si profila "la regola d'oro" del credente e la sua caparra. Nel testo di Matteo (cap. 5, vers. 7) la misericordia comprende due aspetti: il primo luogo è il perdono tra fratelli; condizione del perdono di Dio ed in secondo luogo l'aiuto concesso a chi ne ha bisogno con azioni concrete che gia il giudaismo chiamava opere di misericordia. Troveranno misericordia; l'amore umano, commuove il cuore di Dio, questa beatitudine è rassicurante per noi peccatori ostinati. Il Santo Padre Benedetto XVI nella sua nota enciclica "*Deus Caritas Est*" al cap. 15 riassume con chiarezza il concetto cristiano del prossimo ed i grandi vantaggi riservati a coloro che compiono le opere di misericordia: **"È a partire da questo principio che devono essere comprese anche le grandi parabole di Gesù. Il ricco epulone (cfr *Lc* 16, 19-31) implora dal luogo della dannazione che i suoi fratelli vengano informati su ciò che succede a colui che ha disinvoltamente ignorato il povero in necessità. Gesù raccoglie per così dire tale grido di aiuto e se ne fa eco per metterci in guardia, per riportarci sulla retta via. La parabola del buon Samaritano (cfr *Lc* 10, 25-37) conduce soprattutto a due importanti chiarificazioni. Mentre il concetto di « prossimo » era riferito, fino ad allora, essenzialmente ai connazionali e agli stranieri che si erano stanziati nella terra d'Israele e quindi alla comunità solidale di un paese e di un popolo, adesso questo limite viene abolito. Chiunque ha bisogno di me e io posso aiutarlo, è il mio prossimo. Il concetto di prossimo viene universalizzato e rimane tuttavia concreto. Nonostante la sua estensione a tutti gli uomini, non si riduce all'espressione di un amore generico ed astratto, in se stesso poco impegnativo, ma richiede il mio impegno pratico qui ed ora. Rimane compito della Chiesa interpretare sempre di nuovo questo collegamento tra lontananza e vicinanza in vista della vita pratica dei suoi membri. Infine, occorre qui rammentare, in modo particolare, la grande parabola del Giudizio finale (cfr *Mt* 25, 31-46), in cui l'amore diviene il criterio per la decisione definitiva sul valore o il disvalore di una vita umana. Gesù si identifica con i bisognosi: affamati, assetati, forestieri, nudi, malati, carcerati. «Ogni volta che avete fatto queste cose a uno solo di questi miei fratelli più piccoli, l'avete fatto a me» (*Mt* 25, 40). Amore di Dio e amore del prossimo si fondono insieme: nel più piccolo incontriamo Gesù stesso e in Gesù incontriamo Dio".**

Una civiltà spiritualmente anoressica

C'è una gran parte della popolazione mondiale praticamente condannata a soffrire la fame, la sete, la nudità, la mancanza di cure, la morte precoce, il carcere facile per pregiudizi tribali o reati minimi. È curioso constatare che là dove c'è bisogno di intervenire con le opere di misericordia corporale vi è spesso una straordinaria ricchezza spirituale ed un sorprendente abbandono a Dio ed una straordinaria sensibilità umana, mentre in quella fascia che rientra nel 20% privilegiato della famiglia umana che lotta con il problema dell'obesità, le depressioni e le malattie collegate alla sovra alimentazione, c'è il più grande disorientamento spirituale che la storia abbia mai conosciuto, con livelli di suicidio impressionanti e forme schizofreniche di rifiuto della vita come le violenze omicide, l'alcoolismo e la droga. Probabilmente si trova nei paesi ricchi, la più grande concentrazione dei dubbiosi, degli ignoranti delle cose di Dio, dei peccatori, degli affetti da angosce esistenziali, dei diffidenti, degli egoisti. L'insofferenze e gli odi, l'assenza di preghiera che estingue la speranza, la diffusa cultura della morte accompagnata dall'infelicità di chi soffre la nostra società, ci insegna che abbiamo sbagliato, qualcuno ci ha tratto in inganno. Siamo ancora in tempo a disfarci di tutto ciò che ci ingombra, le ingannevoli seduzioni di una falsa libertà, di una sfrenata ricchezza del successo personale. È proprio il troppo che ci soffoca, liberandocene e restituendo agli altri tempo e bene, potremmo recuperare l'armonia perduta. L'operaio del Vangelo rivolge sulla folla smarrita delle nostre Città uno sguardo di misericordia e fin dal mattino esce fiducioso con il suo sacco di semente da gettare. Egli sa che gli è stata donata una Parola capace di guarire, consolare, orientare, illuminare. Una parola che viene da Dio, fecondità della quale dipende dalla terra che la riceve e dalla grazia che la irriga.

La parola condivisa

La prima considerazione che scaturisce riflettendo sulle opere di misericordia spirituale riguarda l'importanza del nostro parlare. Don Lorenzo Milani diceva ai ragazzi della scuola di Barbiana: "Non potete far nulla per il prossimo finché non saprete comunicare". L'esercizio delle opere di misericordia spirituale esigono una seria preparazione biblica e catechetica. Solo l'attento ascolto del fratello può farci comprendere i suoi bisogni profondi e la causa delle sue sofferenze. Attingendo alla scrittura, al magistero e alla vita dei santi siamo in grado di rispondere in modo appropriato agli smarrimenti e ai dubbi dell'uomo contemporaneo sempre restando la testimonianza il linguaggio più convincente. Le opere di Misericordia si compiono principalmente attraverso la parola. In effetti non sempre ci rendiamo conto del valore delle parole nelle relazioni umane e come il nostro parlare sia carico di potere benefico quando è saggio e illuminato. L'uso della parola non orientata al vero, al giusto, al buono, è la prima causa di tante ferite causate ai fratelli. La parola usata male contro il fratello lo turba interiormente arrecando in lui danni morali che si prolungano nel tempo e si rimuovono molto difficilmente. La medesima potenza capace di risultati sorprendenti rimbalza nel cuore del fratello ed è capace di produrre benefici frutti. Le sette opere di misericordia spirituale si compiono dunque prevalentemente attraverso il buon uso della parola e perchè essa ottenga gli effetti sperati, deve scaturire dall'Altro che ci abita: la terza Persona divina. Non è possibile compiere efficacemente queste opere di misericordia senza i sette doni dello Spirito: Sapienza, Intelletto, Consiglio, Fortezza, Scienza, Pietà, Timor di Dio. Il carisma della profezia dell'ascolto e della consolazione, ci viene donato con la Cresima ed è ravvivato con l'assidua invocazione del Paraclito. Dunque possiamo tranquillamente asserire che in forza di questo Sacramento ogni cristiano, risvegliando i sette dono dello Spirito Santo, sono abilitati a compiere le sette opere di misericordia spirituale.

Il Perdono

Un terribile cancro di cui soffre questa nostra società post-moderna è la perdita del senso del peccato, una metastasi preoccupante che affligge soprattutto le nuove generazioni. Per arginare questo male la chiesa tutta in piena unità con il suo pastore universale, denuncia l'attuale relativismo, condanna il pensiero debole che fraziona e disorienta e riafferma il primato della legge divina. L'opera di misericordia che invita ad ammonire i peccatori invita a ricercare, esortare, correggere con amorosa attenzione verso coloro che sbagliano ricorrendo a quei mezzi che la prudenza e lo zelo consigliano nella speranza di ricondurre il fratelli sulla retta via. Non si deve mai perdere di vista Gesù; è mostrando il suo volto misericordioso che possiamo riconquistare i peccatori a Dio. Le cronache quotidiane ci hanno abituati ai crimini e alle vendette violente, il perdono sembra caduto in disuso. L'atteggiamento del perdono è forse quanto di più impegnativo ci richiede la nostra fede, esso è talmente peculiare alla nostra cultura cristiana che in parecchie lingue non esiste nemmeno il corrispondente vocabolo. La vendetta, l'occhio per occhio – dente per dente, sembra essere d'obbligo un po' ovunque. L'ultima immagine del volto di Cristo morente è segnata dalla contrazione del dolore e dalla dolcezza di uno che perdona. È dalla croce che parte per i discepoli l'imperativo del perdono. È così fondamentale riproporre il perdono nella vita dell'uomo contemporaneo da divenire condizione indispensabile per la risoluzione dei conflitti che insanguinano la terra. Con la forza del perdono si può sperare in un futuro pacifico, è tanto essenziale da divenire l'unico possibile collante per realizzare l'ultimo desiderio del Redentore: *"Che siano una cosa sola"* (cfr. Gv. 17, 21). Un cammino comune che vede insieme moltitudini di uomini e donne appartenenti a diverse religioni si rende possibile se non ci voltiamo indietro a guardare i torti subiti nei rapporti interpersonali e nel focolare domestico il perdono è il farmaco più efficace per curare le ferite e progredire nell'unità e nell'amore. Il fautore delle opere di Misericordia grida con la propria vita l'inutilità dell'odio e della vendetta e afferma con forza che solo il perdono estingue le contese e l'amore vince l'odio. (cfr. messale Romano prefazio della Riconciliazione II) il perdono diventa così la virtù dei forti. Gesù è colui che ci insegna a perdonare le offese e ci parla del perdono come la condizione preliminare per essere suoi discepoli e come elemento essenziale e costitutivo per rimanere in lui. L'apostolo Paolo dà una norma generale di tipo positivo: *"Non lasciarti vincere dal male, ma vinci con il bene il male"* (Rm. 12, 21) naturalmente si vince il male con il perdono e nell'inno all'amore specifica che *"la carità non tiene conto del male ricevuto"* (cfr. Cr. 13, 5) e ci invita ad essere benevoli gli uni verso gli altri, *"misericordiosi, perdonandoci a vicenda come Dio ha perdonato noi in Cristo"* (cfr. Ef. 4,32). Quando parla dei frutti dello spirito egli elenca gli atteggiamenti propri del cristiano pazienza, benevolenza, bontà, dominio di se (cfr. Gl. 5, 22-23) sono sentimenti che facilitano e preparano il perdono dalle offese.

Le persone moleste

Guardando alla vita di Gesù, alle folle osannanti che lo circondano ma anche agli apostoli che non lo capiscono, agli amici che lo tradiscono, alle trame del male che lo insidiano, Egli, si può definire per antonomasia: il paziente. Il discepolo fedele segue Gesù lungo questa via. L'Apostolo Paolo ci esorta ad essere pazienti in tutto. Il sopportare le persone moleste richiede una piena conoscenza di se stessi e dei propri limiti e l'acquisizione virtuosa della mitezza e dell'indulgenza. Ogni giorno siamo avvicinati da persone non simpatiche, superficiali, malpensanti nei nostri riguardi. Paolo ci invita ad usare dolcezza e mansuetudine riproducendo l'immagine del volto benevolo comprensivo e accogliente del Signore. Dal nostro volto non dovrebbe trasparire la sofferenza o la ripugnanza verso l'altro; vi sono umori psicologici da demolire costruite per difenderci dai disturbatori e da un impressionante numero di viandanti che vengono da noi con il loro problemi spesso petulanti ed esigenti, ci fanno perdere tempo perché scatta in noi il complesso dell'impotenza, la convinzione che non abbiamo strumenti per risolvere i loro problemi. Il loro improvviso apparire turba la nostra quiete, infrange i nostri programmi, ci innervosiscono. Questo istinto immediato va controllato per ricordare a noi stessi che è di nuovo Gesù che viene a noi carico di problemi del mondo, fragile, debole e maleodorante e che il tempo che abbiamo è dono suo, un dono prezioso che dobbiamo spendere per accogliere ed amare. *"La vostra affabilità sia nota a tutti gli uomini! Il Signore è vicino"* (Fil. 4, 5). È come se lui venisse quotidianamente a verificare la nostra fedeltà e nelle sue Stravaganti metamorfosi assumesse il volto di una persona noiosa.

L'ultima opera

Nel nostro mondo materialista dove conta l'avere e l'apparire, dove l'ingegno umano è posto al servizio del profitto e dove conta solo ciò che si tocca, questa ultima opera di misericordia appare come la più scandalosa ha chi è bene ancorato a Cristo e tiene lo sguardo fisso sul suo volto conosce la potenza delle cose interiori e silenziose come la preghiera. Siamo di fronte all'apice della solidarietà, siamo nell'espressione più alta della misericordia perché l'altro può non sapere della mia attenzione e dell'amore che nasconde la mia preghiera. Tutti e dovunque possono compiere quest'opera di misericordia, sui vivi e sui morti si può intervenire la sua efficacia è certa, si potrà verificare in terra o in cielo. La preghiera di intercessione, liberata dai nostri personali bisogni e rivolta per definizione agli altri, si arricchisce di quel particolare amore fraterno che la caratterizza, è un dono prezioso, comporta una sconfinata fiducia nell'Onnipotenza divina ed una autentica carità verso i fratelli. Essa corre veloce e raggiunge subito il suo obiettivo, si espande come la luce e diviene balsamo per chi la riceve, non ha confini di spazio o di tempo, raggiunge anche coloro che sono nell'aldilà in attesa di vedere il suo Volto e bramano l'attimo dell'incontro con l'Amore. La preghiera per i morti ha la capacità di ripulire le scorie del peccato, di purificare l'anima dalle ferite riportate nella vita terrena, dall'orgoglio, dall'odio e dalla sensualità. Restituisce l'innocenza perduta e ricade benefica su chi la compie con fede. Quest'opera di misericordia si eleva al cielo soprattutto per voce dei diseredati della terra che sono i primi fautori delle opere di misericordia spirituali e che è saggio farceli amici affinché un giorno ci accolgano nel regno dei cieli.

Indice

Printed by Books on Demand GmbH, Norderstedt / Germany